Angst- und Optimismus Knigge [2100]

Die Furcht beherrschen, Ängste nutzen und positiv durchs Leben gehen

Horst Hanisch

© Vierte Auflage 2025 by Horst Hanisch, Bonn

© Dritte Auflage 2020 by Horst Hanisch, Bonn

© Erste und zweite Auflage 2017 by Horst Hanisch, Bonn

Bibliografische Information der Deutschen Nationalbibliothek: Die Deutsche Nationalbibliothek verzeichnet diese Publikation in der Deutschen Nationalbibliografie; detaillierte bibliografische Daten sind im Internet über dnb.dnb.de abrufbar.

Idee und Entwurf: Horst Hanisch, Bonn

Lektorat: Alfred Hanisch, Bonn †; Annelie Möskes, Bornheim

Buchsatz: Guido Lokietek, Aachen; Horst Hanisch, Bonn

Umschlag: Christian Spatz, engine-productions, Köln; Horst Hanisch, Bonn

Zeichnungen: Horst Hanisch, Bonn

Verlag: BoD · Books on Demand GmbH, In de Tarpen 42, 22848 Norderstedt, bod@bod.de

Druck: Libri Plureos GmbH, Friedensallee 273, 22763 Hamburg

ISBN: 978-3-7693-0483-1

Angst- und Optimismus Knigge 2100

Die Furcht beherrschen, Ängste nutzen und positiv durchs Leben gehen

Horst Hanisch

Die Grundlage des Optimismus ist blanke Angst
(Oscar Wilde)

Inhaltsverzeichnis

Inhaltsverzeichnis

Prolog

Von Angsthasen und Furchtlosen

*„Besser ist es, an eines einzigen freien Menschen Seite zu leben und
furchtlos und frei zu sein,
als mit vielen andern sklavisch zu leben."*
Epiktet, gr. Philosoph (um 50 - 138)

Angst, Furcht und Phobien begleiten das Leben

Liebe Leserin, lieber Leser,

es darf zweifellos davon ausgegangen werden, dass fast jeder Mensch bereits mehrfach Angst verspürt hat. Angst gehört zum Leben dazu. Immer wieder gibt es Situationen, die Angst auslösen. Eine Person kann Angst oder Furcht vor Situationen oder vor Menschen haben.

„Welches Ergebnis mag die ärztliche Untersuchung bringen?"

„Werde ich unterwegs von blöden Gestalten bedroht?"

Manche fühlen sich genötigt zu bestätigen:

„Mir sitzt die Angst im Nacken."

Sie drückt ihn sozusagen auf die Schultern und drückt seine Stimmung. Es ist ein quälender Zustand, vor allem wenn er über längere Zeit anhält. Das ist nicht gut.

Angst quält und warnt

Neben vielfältigen Ängsten gibt es die klassische Angst.

„Ich habe Angst vor Zahnarztbesuchen" und der Furcht

„Ich fürchte mich vor der morgigen Prüfung".

Nicht vergessen werden soll aber auch, dass Angst eine wichtige Schutzfunktion ausübt. Sie signalisiert dem Menschen, dass ‚irgendetwas' nicht stimmt oder Gefahr droht.

Durch diese Warnung kann der Körper in Alarmbereitschaft versetzt werden und entsprechend reagieren.

Diffuse Angst und konkrete Furcht

Charakteristisch für die Angst ist, dass sie diffus ist, sich auf unbestimmte Konstellationen bezieht und damit kaum oder schwer zu greifen ist. Im Gegensatz zur Furcht, die konkret geäußert wird, an der gearbeitet werden kann.

Es lässt sich ein Unterschied zwischen Angst und Furcht erkennen. Die Angst ist schwammig, nicht greifbar, wohingegen die Furcht konkret und damit greifbar wird. So kann sie behandelt und gelöst werden.

Wer eine ‚nebelhafte' Angst verspürt, leidet unter Umständen sehr, weil er diese nicht bewältigen kann.

Kann er die Angst genauer beschreiben, wird sie zur Furcht. Dadurch kann an ihr gearbeitet werden.

Also: Nicht ängstlich sein, sich der Furcht zu stellen und sie zu bekämpfen.

Die übertriebene Angst, die Phobie

Entsetzt schreit einer auf, wenn ihm eine Spinne über den Handrücken krabbelt (Arachnophobie).

Ein anderer ist nicht zu überzeugen, eine Urlaubsreise mit dem Flugzeug anzutreten (Aviophobie).

Und wieder ein anderer bekommt fast Panikanfälle, wenn er sich in einem verschlossenen Raum (Cleisiophobie) eingesperrt fühlt; nicht zu verwechseln mit der Klaustrophobie (Raumangst), der Angst vor dem Aufenthalt in engen Räumen (zum Beispiel im Aufzug) und schließlich mit der Agoraphobie, die die Angst auf weiten Plätzen beschreibt, die sogenannte Platzangst.

„Da stehen einem die Haare vor Schreck zu Berge!"

Ist es vorstellbar, dass es Menschen gibt, die tatsächlich Angst vor Clowns (Coulrophobie) haben, vor Mundgeruch (Halitophobie) oder davor, ohne Mobiltelefonkontakt (Nomophobie) zu sein?

Glücklich können sich jene schätzen, die über diese Ängste nur lachen können. Den Betroffenen selbst ist bei weitem nicht zum Lachen zumute.

Die Beispiele zeigen selbstverständlich Extremsituationen. Denn viele Menschen haben Angst oder Furcht vor neuen Situationen oder Herausforderungen.

Diese steigert sich manchmal bis zur Phobie.

Gibt es auch eine positive Angst?

Angst hat auch etwas Gutes, wird dadurch die Aufmerksamkeit gesteigert. Der Körper ist vorbereitet auf das, was folgt und hat damit die Chance, sich dagegen wehren zu können.

In manchen Fällen hilft Angst sogar Menschen, etwas Besonderes zu erleben. Hier lässt sich von einem Kick oder einem Thrill sprechen.

Ängstlich zu sein oder Angst zu haben scheint demnach nichts Ungewöhnliches im Leben zu sein. Unangenehm wird es erst dann, wenn Angst auf Dauer das Leben negativ beeinflusst oder zur Lebensstrategie wird. Deshalb ist es sinnvoll, das Thema Angst von verschiedenen Seiten zu betrachten.

Wer erkennt, was ihm Furcht einflößt, hat eine größere Chance, diese auf Dauer besser bewältigen zu können. Möglicherweise verliert er sogar total die Angst vor einem Angstauslöser. Er kann dann in Zukunft angstfrei mit dieser Situation umgehen.

Die gewonnene Energie kann in anderes investiert werden. Dadurch eröffnen sich neue Optionen durch das Leben zu schreiten. Mutiger, aufgeschlossener, optimistischer.

Angst kann sogar dazu beitragen, fast übernatürliche Kräfte zu entwickeln. Das hört sich ermutigend an.

Optimistisch in die Zukunft blicken

Nach all den furchteinflößenden Themen wird im letzten Kapitel dieses Buches auf das Thema Optimismus eingegangen.

Obwohl nicht alles rosig auf dieser Welt sein kann, lässt sich hier gut von zwei Lebensstrategien reden, die eingeschlagen werden können: der pessimistische Weg oder der optimistische Weg.

Im Sinne des angstfreien Lebens ist der Optimismus vorzuziehen, da er das Leben angenehmer gestaltet, den Menschen glücklicher werden lässt und vielfältigere Erfahrungen zulässt.

Der Mensch wird im Laufe seines Lebens in diese oder jene Richtung geprägt.

Wenn er erkennt, dass er zu den Pessimisten gehört, kann er sich in dieser virtuellen Gruppe selbst bemitleiden und bemitleiden lassen.

Alternativ kann er entscheiden, Optimismus zu lernen. Ja, tatsächlich scheint es möglich, optimistisches Denken zu erlernen und nach und nach eine positive Lebenseinstellung zu ermöglichen.

In diesem Kapitel werden Verhaltensmuster des Pessimisten und des Optimisten gegenübergestellt und die jeweiligen Vorteile beleuchtet.

Im nächsten Schritt werden verschiedene Maßnahmen gezeigt, die helfen sollen, den Weg zum Optimismus zu ebnen oder zu stärken.

Ich wünsche den Leserinnen und Lesern dieses Ratgebers, dass sie es schaffen, mit Ängsten leichter umzugehen, mehr die guten Dinge im Leben zu sehen und der Zukunft optimistischer ins Gesicht zu schauen.

Viel Erfolg

Horst Hanisch

Teil 1 – Angst und Furcht

Ein Leben voller Angst?

Erscheinungsformen der Angst

> *„Täglich wird bestraft, wer immer Angst hat.“*
> **Publilius Syrus, röm. Moralist**
> **(geschätzt ca. 90 - 40 v. Chr.)**

Angst-Spektrum

Der deutsche Germanist und Sportpsychologe Siegbert Arno Warwitz (*1937) unterscheidet verschiedene Erscheinungsformen von Angst. Er erstellte ein Angst-Spektrum mit folgenden Stufen.

1. Unsicherheiten. Wie es das Wort schon ausdrückt, wird hier ein Mangel an Sicherheit erkannt und möglicherweise als Gefahr bezeichnet.

   Hierunter versteht er beispielsweise Beklommenheit, Scheu, aber auch Zaghaftigkeit und generelles Vermeidungsverhalten unbekannter Situationen.

2. Zwänge, auch Zwangsstörung oder Zwangserkrankungen.

   Hierzu gehören beispielsweise der Kontrollzwang, Reinigungszwang, Zählzwang, Esszwang, Berührzwang.

3. Furchtformen. Die Furcht vor Berührungen, vor Verletzung, vor Versagen.

   Hier handelt es sich um eine konkret fassbare Gefahr.

4. Phobien. Das sind krankhafte Angstzustände, wie zum Beispiel die Phobie vor Spinnen.

5. Paniken. Wer unter einer Panik leidet, gerät in einen Zustand sehr intensiven Angstgefühls. Er fühlt sich bedroht. Die Bedrohung kann tatsächlich vorliegen oder nur angenommen sein.

    Hierzu gehören der Angstanfall (Panikattacke), die Schockstarre, die Katastrophenlähmung und andere.

6. Psychosen. Hier liegen deutlich schwere psychische Störungen vor. Der Betroffene verliert den tatsächlichen Bezug zur Realität.

    In dieser Kategorie kommen neurotische Ängste vor, wie Verfolgungswahn bis hin zur Lebensangst.

    Der Begriff Psychose taucht erstmalig im Jahr 1845 auf. Er wurde vom österreichischen Arzt Ernst Maria Johann Karl Freiherr von Feuchtersleben (1806 – 1849) verwendet.

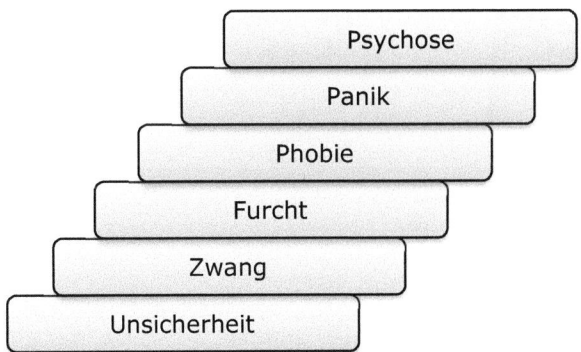

Die Schwerpunkte im vorliegenden Text befassen sich mit der Ängstlichkeit und der Furcht sowie der Angst, der Panik und mit den Phobien.

Angor und Timor

Was ist Angst?

Die Begriffe Angst, Furcht und Phobie treten auch im täglichen Sprachgebrauch häufiger auf.

Manchmal werden die Begriffe im Alltag gleichbedeutend verwendet, weshalb auf sie zuerst eingegangen wird. Sie sollen voneinander abgegrenzt werden.

So soll klarer werden, was Furcht oder Angst konkret bedeuten und wie die Phobie hierbei zuzuordnen ist.

Was ist Angst? Lassen Sie es so erklären: Angst ist das Gefühl einer bedrohlich empfundenen Situation.

Monika ängstigt sich vor ‚Unwesen', die nachts durchs Haus schleichen. Besondere Furcht löst ein Gespenst mit einem Schlagstock bei ihr aus.

In der lateinischen Sprache gibt es den Begriff ‚angustus' beziehungsweise ‚angustia', was für Enge oder Beengung oder Bedrängnis steht.

Das lateinische Wort ‚angor' steht für ‚würgen'. Vor dem unangenehmen Würgen lässt sich auch tatsächlich Angst haben.

Ist der Begriff ‚Angina Pectoris' bekannt? Eine Brustenge, oder Herzenge, die einen Schmerz in der Brust bezeichnet und sehr große Angst auslösen kann.

Einen vergleichbaren Begriff gibt es im Althochdeutschen ‚angust', der dem aktuellen Wort Angst schon ganz nahekommt. Auch er steht für beengend.

Angst schränkt ein

Angst beengt die freie Entfaltung. Sie lässt den Betroffenen zurückziehen, sich schützend ‚klein machen' oder gar verstecken.

Die ‚alten' Römer unterschieden zwischen Angst (angor) und Furcht (timor). Der erste Begriff bedeutet eine objektunbestimmte Angst.

Bei Furcht jedoch wird von einer objektbezogenen Situation ausgegangen.

Was ist Furcht?

Das Wort Furcht wurde im Althochdeutschen ‚for(a)hta' und im Gotischen ‚faurhtei' genannt.

Von Furcht wird dann gesprochen, wenn das Gefühl einer konkreten Bedrohung oder Gefahr besteht, die plötzlich wahrgenommen wird. Die Gefahr kann tatsächlich oder sie kann eingebildet sein.

Vor wenigen Jahren litten viele Menschen unter der Furcht vor dem Corona-Virus.

Da die Furcht rational begründbar ist, wird von einer realen Furcht beziehungsweise auch von einer konkreten Angst gesprochen.

Angst ist diffus, Furcht ist konkret

Angst ist also eher etwas Diffuses, Furcht eher etwas Konkretes. Angstauslösendes kann geschehen im Gegensatz zum Furchtauslösenden, was aller Wahrscheinlichkeit nach geschehen wird.

Diffuse Angst

„Ist meine Zukunft abgesichert?"

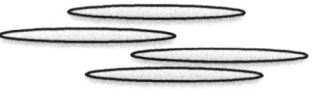

Konkrete Furcht

„Ich fürchte mich vor einem Wesen, das mir Böses tut."

Übergang zwischen Angst und Furcht

Es wäre wirklich zu schön, gäbe es einen eindeutigen Übergang zwischen Angst und Furcht.

Der Übergang kann leicht fließend sein. Deswegen ist es auch nicht ganz so schlimm, wenn die beiden Wörter im täglichen Sprachgebrauch miteinander verwechselt werden.

Tom und Nico

Zwei zehnjährige Jungen streichen neugierig und immer auf der Suche nach Unerwartetem durch ein Waldstück. Plötzlich stehen sie vor einem Höhleneingang.

Überrascht und auch etwas erschrocken bleiben sie stehen, da sie auf ihren bisherigen Streifzügen diesen Eingang nie gesehen haben.

Tom, der schon immer etwas mutiger ist als Nico, fordert seinen Freund auf:

„Lass uns in die Höhle gehen."

Nico windet sich etwas. Er traut sich nicht. Er ist ängstlich.

Tom schaut ihn an und fragt:

„Bist du etwa ein Angsthase?"

Nico: „Nein, aber müssen wir unbedingt da reingehen? Hier draußen ist es doch viel schöner."

Tom: „Du hast wohl Angst!"

Nico: „Ich habe keine Angst … nur etwas."

„Wovor hast du denn Angst?"

„Na, wer weiß, was uns dort erwartet."

Daraufhin Tom: „Genau das wollen wir herausfinden. Was sollte denn in der Höhle sein?"

Zögerlich antwortet Nico: „Vielleicht ein furchtbares Ungeheuer?"

„Nico du weißt, dass es keine Ungeheuer mehr gibt. Die sind nur in Märchen. Also jetzt komm schon!"

Nico überwindet seine Furcht und folgt Tom zögernd in die Höhle.

Die Furcht wird benannt

Anfangs wurde von der diffusen Angst gesprochen. Zu Ende des Dialogs wird die Furcht vor einem Ungeheuer ausgesprochen.

Dadurch wird die Furcht greifbar, weshalb mit ihr umgegangen werden kann.

Was macht Angst mit dem Menschen?

„Wenn einer keine Angst hat, hat er keine Fantasie."
Emil Erich Kästner, dt. Schriftsteller
(1899 - 1974)

Beeinflusst Angst die Intelligenz und die Fantasie?

Da hat der deutsche Schriftsteller Emil Erich Kästner (1899 – 1974) mit seiner Behauptung „Wenn einer keine Angst hat, hat er keine Fantasie" gut reden.

Denn das bedeutet ja wohl, dass ein Mensch ohne Angst fantasielos ist. Wie kann das sein? Hilft Angst, fantasievoll zu sein?

Risiko

Fantasie hilft auf jeden Fall, sich zu entwickeln. Sie bestärkt die Neugierde und den Handlungsdrang. Damit unterstützt sie auch die Bereitschaft, ein Risiko einzugehen.

Wer ein Risiko eingeht, betritt in der Regel unbekanntes Terrain. Er kann sich im Folgenden nicht mehr ganz sicher sein, dass alles so klappt, wie er es sich wünscht.

Gegebenenfalls trifft er auf unerwartete oder sogar gefährliche Situationen. Diese können wiederum Angst auslösen.

Nach dieser Überlegung könnte derjenige, der sich selbst eher als fantasielos bezeichnet, viele angstauslösende Situationen vermeiden, da er sich ja immer nur in den Bereichen bewegt, die ihm sowieso bekannt sind.

Hier kennt er sich aus und weiß mit allem umzugehen.

Angst kann dann nicht ausgelöst werden. So könnte gesagt werden: Wenig Fantasie bedeutet wenig Angst.

Nicht umsonst wird der Mensch als Gewohnheitsstier bezeichnet. Wurde ihm im Urlaub zur Halbpension am Abend ein Tisch im Restaurant zugewiesen, ist dieser Platz für die nächsten Tage ‚sein Tisch'.

Die Liege am Strand vom ersten Tag wird höchstwahrscheinlich ‚seine Liege' für die nächsten Tage darstellen. Hoffentlich wird sie nicht von anderen Touristen belegt. Oh, oh. Lieber die Liege mit einem Handtuch reservieren …

Es ist bequem und verleiht Sicherheit, sich an Gewohntem zu orientieren. Neues wird argwöhnisch beäugt.

„Was der Bauer nicht kennt, das isst er nicht", sagt der Volksmund.

„Früher war alles besser."

Neues, Unbekanntes, plötzlich neue Vorschriften – all das kann Unbehagen beziehungsweise Angst auslösen. Es muss schließlich gelernt werden, mit der neuen Situation umzugehen.

Vom bequem Eingerichteten muss Abschied genommen werden.

Kein Wunder, dass sich häufig Beschäftigte vehement (heftig) gegen Neuerungen wehren.

In der Gesellschaft tut sich manchmal eine neue Erfindung schwer, akzeptiert zu werden.

„Das hatten wir früher auch nicht. Ging doch alles wunderbar (ohne das neumodische Zeug)."

Wenig Geist, wenig Angst?

Der dänische Philosoph Søren Aabye Kierkegaard (1813 – 1855) machte eine Aussage, die aufhören lässt. Er behauptete:

„Je weniger Geist, desto weniger Angst."

Heißt das, dass Menschen, die eine lebhafte Gedächtnisleistung hervorbringen, mehr Angst verspüren können, als der ‚einfach' Denkende?

Wer seinen Geist aktiv benutzt, kann immens viele mentale Konstrukte durchdenken. Vielleicht können dann Gedanken aufkommen wie:

„Was geschieht mit mir, wenn dies und das passiert?"

„Welche Nachteile oder Risiken brächte das für mich?"

Werden Vor- und vor allem Nachteile durchdacht, werden die möglichen Gefahren und Risiken bewusst. Dieses Bewusstwerden kann infolge Angst auslösen.

Wer hingegen ‚einfach' denkt, mag komplexe Gedanken-Konstrukte gegebenenfalls gar nicht (durch-)denken. Er nimmt alles eher ‚gelassener'.

„Et kütt wie et kütt", ist sich der Kölner sicher. Etwa:

„Es kommt, wie es kommt."

Weshalb sich Sorgen machen? Es bedarf keiner Aufregung – und damit keiner Angst.

Erkenntnis: Wer geistig fit ist, entwickelt unter Umständen mehr Angst als der, der sich nicht zu viel Gedanken macht.

Zumindest ist diese Erkenntnis auf Kierkegaards Aussage ausgerichtet.

Das Tier ohne Geist?

Kierkegaard nahm weiter an, dass Tiere ohne Angst leben.

Er sieht bei einem Tier keinen Geist, weshalb dieses keine Angst haben kann. Furcht sehr wohl.

Doch zurück zur ursprünglichen Idee. Lässt sich Kierkegaards Spruch umdrehen? Wer wenig Angst hat, hat auch wenig Geist? In seiner Annahme das Tier betreffend vielleicht. Bei Menschen?

Wird Kierkegaards Meinung wörtlich genommen, muss festgehalten werden, dass Menschen mit wenig Geist, allgemein eher die, die als weniger intelligent bezeichnet werden, auch weniger Angst haben.

Obwohl diese Überlegung im ersten Moment kontraproduktiv scheint, wurde eben festgehalten, dass sich der Spruch nicht drehen lässt.

Wer es schafft, seine Angst zu kontrollieren oder gar abzubauen, dürfte sehr wohl ein gewisses intelligentes Verhalten gezeigt haben.

Vor Angst erschrecken fördert die Entwicklung?

Der deutsche Philosoph Friedrich Wilhelm Nietzsche (1844 – 1900) äußerte sich ähnlich wie Kierkegaard. Er war überzeugt:

„Der Grad der Furchtsamkeit ist ein Gradmesser der Intelligenz."

Nietzsche bewegte sich mit dieser Aussage in seinen Büchern auf einem aus heutiger Sicht überhaupt nicht mehr akzeptierten Gedankenweg.

Er meinte nämlich, dass sich intelligente Wesen über die Jahrtausende durch häufiges Erschrecken und damit Bleichwerden zu dem heutigen hellhäutigen Menschen entwickelten, wohingegen das Wesen, das unkontrolliert wütend agiert und damit den Kopf nur blutrot anschwellen lässt, eher das Verhalten des Tieres zeigt.

Furcht vor etwas zu haben zeigt seiner Meinung nach intelligentes Verhalten.

Fazit

Also: Angst hilft dem Menschen sich zu entwickeln. Das heißt demnach, dass Angst zum Leben gehört. Nun gut. Der Punkt ist eher der, dass einem Betroffenen die Angst nicht das Zepter aus der Hand nimmt und über ihn herrscht.

Oder anders ausgedrückt: Die Angst darf nicht den Menschen beherrschen, sondern der Mensch beherrscht die Angst. Er darf sich nicht von ihr regieren lassen.

Gut, es wird sich der Angst gestellt, um diese aus dem täglichen Leben zu verbannen oder zumindest ihr Auftreten zu reduzieren.

Angst bestimmt das Leben?

„Furcht besiegt mehr Menschen als alles andere auf der Welt."
Ralph Waldo Emerson, US-amer. Philosoph
(1803 - 1882)

Wer hat Angst vorm bösen Wolf?

In früheren Erzählungen und in unglaublich vielen Märchen kommen immer wieder bösartige Gestalten, Fabelwesen oder Tiere zum Einsatz.

Nicht nur Geister, Gespenster, Hexen oder gar der Teufel werden leibhaftig, sondern auch alle möglichen unheimlichen Gestalten bis hin zu niederträchtigen Kreaturen.

So muss sich nicht nur Rotkäppchen mit dem bösen Wolf rumschlagen, sondern auch die sieben Geißlein, Hirtenhunde und viele andere mehr.

Schreckfiguren

Die bösen Wesen in den Märchen, auch Schreckfiguren genannt, hatten die Aufgabe, Kindern bewusst Angst nahezubringen.

Damit schafften es die Eltern oder Großeltern beim Erzählen oder Vorlesen dieser Geschichten, den Kindern ganz deutlich zu machen, welche Gefahr ihnen bei Ungehorsam drohen würde. Eine sehr fragwürdige Art und Weise, Kinder zu erziehen.

„Machst du nicht das, was dir gesagt wird, droht dir Gefahr!"

Andererseits reizt es Kinder immer wieder, diesen gruseligen Geschichten zu lauschen. Solange die Gefahr außen vor bleibt und sich das Kind in der Obhut der Vorlesenden sicher fühlen kann, droht ja offensichtlich keine Gefahr. Dann kann es ja auch versuchen, möglichst gehorsam zu sein …

Der Hirtenjunge und der Wolf

Dem Hirtenjungen ist langweilig. Das ist klar und nachvollziehbar, wenn er den ganzen Tag herumlungert und nur auf die dummen Schafe aufpassen soll.

So kommt ihm die Idee, aus Langeweile auszurufen, dass ein Wolf käme. Schon kommen die Dorfbewohner, um ihm Hilfe anzubieten.

Schnell erkennen die Dörfler aber, dass es falscher Alarm, also Fehlalarm, war, worauf sie zu ihren Arbeiten zurückkehren.

Und wieder ruft der Hirtenjunge aus, dass der Wolf käme. Ein weiteres Mal fallen die Dorfbewohner auf den Fehlalarm rein. Sie sind ärgerlich und kehren zurück.

Nun erscheint aber tatsächlich ein Wolf, der die Herde und auch den Jungen bedroht. Wieder schreit der Junge aus vollem Hals und in höchster Not, dass ein Wolf die Herde bedrohe.

Die Dorfbewohner reagieren jetzt allerdings nicht mehr, weil sie auch hier wieder von einem falschen Alarm ausgehen.

Das Märchen geht nachvollziehbarer Weise nicht gut aus. Daraus entwickelt sich die Moral:

„Wer einmal lügt dem glaubt man nicht und wenn er auch die Wahrheit spricht."

Also nur dann um Hilfe bitten, wenn es sich um eine echte Gefahr handelt.

Die Geschichte geht auf eine Fabel von Äsop zurück. Äsop war ein griechischer Dichter. Er lebte wahrscheinlich im sechsten Jahrhundert vor Christus.

Wer hat Angst vorm Schwarzen Mann?

Alle Kinder stehen beieinander. Ein ausgewähltes Kind, der ,Schwarze Mann', steht in einem bestimmten Abstand zu den anderen. Nun ruft es laut den anderen zu:

„Wer hat Angst vorm Schwarzen Mann?"

Die Kinder rufen zurück:

„Niemand!"

Der Einzelne fragte nach:

„Und wenn er kommt?"

Die Gruppe antwortet:

„Dann laufen wir!"

Schon beginnt die Jagd. Der Schwarze Mann versucht so viele wie mögliche Flüchtende zu erreichen, beziehungsweise zu fangen.

Derjenige, der gefangen wird, spielt in der nächsten Runde den Schwarzen Mann.

Alternative: Wer gefangen wird, muss mit dem Schwarzen Mann gehen und hilft in der nächsten Runde dem Schwarzen Mann beim Fangen.

Alle Gefangenen werden dann zu Schwarzen Männern, bis nach und nach alle gefangen wurden.

Der schwarze Mann galt als Schreckgestalt. Heutzutage wird stattdessen eher vom ‚bösen Mann‘ gesprochen, um keine rassistischen Gedanken aufkommen zu lassen.

Vom Schwarzen Mann zum Schwarzen Tod ist es nur ein kleiner Schritt.

Der Schwarze Tod

Franz Theodor Magnus Böhme (1827 – 1898), ein deutscher Hochschullehrer und Volksliedforscher, äußerte im Jahre 1897 die Meinung, die Bezeichnung ‚Schwarzer Mann‘ sei auf den ‚Schwarzen Tod‘ zurückzuführen.

Gemeint ist dabei die Pest, die um 1348 in hiesigen Gebieten wütete. Wer vom ‚Schwarzen Tod‘ berührt wurde, ‚den hat es erwischt‘.

Er war von der Pest befallen (und damit oft vom Tod bedroht) und gehörte ebenso zum ‚Schwarzen Mann'.

Keine Angst vor großen Tieren

Das ist der Titel eines deutschen Spielfilms aus dem Jahre 1953. Er basiert auf einer Geschichte des ungarischen Schriftstellers Karl Noti (1892 – 1954). Der Regisseur des Films war der deutsche Filmemacher Ulrich Wilhelm Erfurt (1910 – 1986).

In der hochkarätigen Filmbesetzung finden sich berühmte Namen wie Maximilian ‚Max' Adolf Otto Siegfried Schmeling (1905 – 2005), Heinrich ‚Heinz' Wilhelm Rühmann (1902 – 1987), Gustav Adolf Karl Friedrich Knut (1901 – 1987), Josef ‚Beppo' Brem (1906 – 1990) und so weiter.

Im Film erbt der unterwürfige technische Zeichner Emil Keller (Heinz Rühmann) drei ausgewachsene Löwen. Nachvollziehbare, dass Herr Keller hier in Panik ausbricht und wegrennt. Er hat Angst vor den Löwen.

Nach weiteren Tiefschlägen will Emil seinem Leben ein Ende setzen. Er sucht dazu eine Zirkusmanege auf und zieht an einem von der Decke hängenden Seil, das ihm für sein Vorhaben geeignet erscheint.

Durch das Ziehen am Seil öffnet er unfreiwillig die Käfigtür der im Zirkus beheimateten Löwen. Oh Wunder! Die Löwen tun Emil nichts und gehorchen ihm aufs Wort.

Nachdem er nun gesehen hat, dass ihm diese kräftigen Tiere folgen, verliert er die Angst vor den Vierbeinern.

Diesen Angstverlust überträgt er nun auch auf die Zweibeiner und bewegt sich fortan selbstbewusster und freier unter der Menschheit.

Wer hat Angst vor Virginia Woolf?

‚Wer hat Angst vor Virginia Woolf?‘ von Edward Franklin Albee (US-amerik. Schriftsteller 1928 – 2016) wurde in der Erstaufführung 1962 (in Deutschland 1963) gezeigt.

Die Verfilmung folgte 1966 mit Mike Nichols (US-am. Regisseur, in Deutschland geboren, 1931 – 2014).

Die britische Schauspielerin Dame Elizabeth ‚Liz‘ Rosemond Taylor (1932 – 1984) spielt die Ehefrau Martha, mit 52 Jahren 6 Jahre älter als der Ehemann. Der britische Schauspieler Richard Burton (1925 – 1984) übernimmt die Rolle des Geschichtsprofessors George. Eingeladene Gäste sind der Biologieprofessor Nick und Ehefrau Honey.

George ist sauer, dass er vorab nicht über den Besuch informiert wurde. Ein Streit beginnt. Die Gäste werden als Zuschauer genutzt, um sich selbst gegenseitig zu demütigen.

Im Laufe der Geschichte stellt sich Marthas Lebenslüge heraus, sie habe einen fiktiven Sohn. George schafft es nun, diesen nicht vorhandenen Sohn im Streit sterben zu lassen.

Das glückliche Ende der Geschichte sorgt dafür, dass Martha die Angst davor verliert, gegebenenfalls tatsächlich noch einmal schwanger zu werden und ein echtes Kind in die Welt zu setzen.

Angst essen Seele auf

Im Film von 1974 ‚Angst essen Seele auf‘ erzählt der deutsche Regisseur und Filmproduzent Rainer Werner Fassbinder (1945 – 1982) die Geschichte der über 60-jährigen, verwitweten Putzfrau namens Emmi Kurowski.

Die bodenständige Frau verguckt sich in den etwa 20-jährigen marokkanischen Gastarbeiter Ali (El Hedi Ben Salem, 1935 – 1977).

Es ist klar, dass das soziale Umfeld diese Freundschaft misstrauisch und missgünstig beäugt. Die Angst vor Fremdem und Fremden wird greifbar. Sie zerstört das gesellschaftliche Miteinander.

Die Putzfrau Emmy wurde übrigens von Brigitte Mira (1910 – 2005) gespielt.

Angst vorm Nikolaus

Festliche Stimmung liegt in der Luft. Alle sind etwas aufgeregter und hektischer als sonst. Das Kind merkt, dass etwas Nichtalltägliches stattfinden wird.

Der Weihnachtsmann wird erwartet!

Die Werbung zeigt erwartungsvolle und glänzende Augen der Kinder, die sich auf diesen Besuch freuen. Oder freuen sie sich nur auf die Geschenke?

Wie sieht die Wirklichkeit aus? Je nach Region erscheint einige Tage vorher bereits der Nikolaus mit seinem angsteinflößenden Knecht Ruprecht. In anderen Regionen überträgt sich das auf den Weihnachtsmann.

Scharf mustert der Nikolaus, dessen Gesichtszüge durch den dichten Bart und die tiefgezogene Mütze nur schwer zu erkennen sind, prüfend das ängstliche und zitternde Kind.

Er schlägt ein riesengroßes Buch auf, in dem alle bösen und guten Taten des Kindes vermerkt sind. Woher weiß er das alles? Richtig unheimlich!

Nun liest Nikolaus die bösen Taten vor. Ein wildfremder Mensch tadelt das kleine Kind. Die Eltern stehen unbeteiligt an der Seite. Wo ist deren Schutz? Das Kind fühlt sich hilflos und bloßgestellt.

Unterschwellig droht die Gefahr einer handfesten Bestrafung, vor allem dann, wenn Knecht Ruprecht mit auftritt. Allein schon seine Kleidung! Dunkel, oder sogar ganz schwarz. Und weshalb hat er die Rute dabei?

Kein Wunder, dass sich viele junge Kinder vor dieser unheimlichen Begegnung fürchten.

Hier können sich jene glücklich schätzen, die nicht auf den Weihnachtsmann, sondern auf das Christkind warten. Beim Christkind sind unangenehm auslösende Gefühle nicht bekannt.

Oder zeigt sich hier, dass das Kind – nach Meinung der Eltern – erst eine Angstphase durchlaufen muss, um anschließend Lustvolles (hier Süßigkeiten oder Geschenke) genießen zu dürfen?

Lust auf Angst

Das Gruselige prickelt und lässt eine Gänsehaut entstehen. Der Zuschauer lümmelt sich beschützt auf dem Sofa oder im Bett. Ein sicherer Abstand zum Angstmachenden, was er im TV sehen wird.

Diese oben beispielhaft aufgezeigten Titel und sicherlich noch viele andere mehr zeigen deutlich, dass der Zuschauer oder Leser diese Form der angstbehafteten Darbietungen mag.

Der Wunsch nach Unbehagen geht noch viel weiter, wie tausende Horrorfilme zeigen, die auf den Internet-Kanälen zu sehen sind und regelmäßig auch im Fernsehen die Zuschauer vor die Mattscheibe bringen.

Tatort

Seit dem Jahr 1970 läuft die Fernsehreihe ‚Tatort'. Im Jahr 2016 wurde die 1.000. Folge ausgestrahlt! Im Jahr 2024 sind es bereits mehr als 1.200.

Unzählige Verbrechen wurden begangen und meistens auch aufgeklärt. Zig Tote gibt es zu vermelden. Die Wiederholungen der Ausstrahlungen sind kaum mehr zu zählen. An manchen Tagen laufen mehrere Tatort-Sendungen als Wiederholung auf verschiedenen Kanälen.

Der Zuschauer mag die ‚bösen' Taten und gruselt sich vor den Tätern und Täterinnen. Der Reiz des Verbotenen scheint außergewöhnlich stark zu sein. Sonst hätte diese Fernsehserie, wie andere vergleichbare auch, nicht solch eine große Zuschauerzahl.

Mit mehreren langjährig aktiven Schauspielern und Schauspielerinnen der Serie wird regelrecht Sympathie verbunden. Sie sind gerne gesehen.

Alle Handlungen sind nur gespielt.

Der Hexensabbat – Halloween

Nicht gespielt, sondern böse Realität:

Anfang des 15. Jahrhunderts begann die unmenschliche und grausame Hetze auf einen Personenkreis, der als Hexen und Zauberer bezeichnet wurde.

Es wird geschätzt, dass die Hexenverfolgung, die Hexenjagd, in Europa 40.000 bis 60.000 Todesopfer forderte. 40.000 bis 60.000 überwiegend unschuldige Menschen! Wie grausam können Menschen sein? Welch unglaubliche Angst – Todesangst – mussten sie in ihren Verdächtigen ausgelöst haben?

Bei diesen zweifelhaften Aktionen ging es tatsächlich ums Überleben. Die Chancen der Angeklagten zu überleben, waren bei der Hexenvernichtung damals außerordentlich gering.

Ganz anders sieht es heutzutage am Hexensabbat aus.

In der Nacht, am Hexensabbat, reiten die als Hexen verkleidete Beteiligte und toben sich einmal so richtig aus. Der Brocken im Harz ist bekannt für diese jährlich stattfindende Zeremonie.

Da die gruselige Aktion auf dem Brocken stattfindet, werden die Hexen auch Brockenhexen genannt. Der Ritt beziehungsweise der Flug zum Veranstaltungsort ist der Hexenflug.

Weshalb treffen sie sich? Was machen die Hexen dort, außer wie wild zu tanzen?

Die Hexen begehen den Hexensabbat. Gemeint ist der Teufelstanz. Wenn es ganz hoch hergeht, tanzen jetzt sogar die Hexen mit dem Teufel höchstpersönlich. Unerhört!

Das Feiern von Halloween ist inzwischen weit verbreitet. Kürbisse werden ausgehöhlt und von innen beleuchtet. Die geschnitzten Fratzen sollen böse Geister abschrecken.

Die Menschen verkleiden sich gruselig und jagen anderen damit einen Schrecken ein.

Obwohl kaum einer mehr an Hexen glauben wird, zeigt sich in hiesiger Kultur ein deutliches Ausbreiten des Feierns von Halloween.

Fazit

Vielleicht braucht der Mensch etwas, das ihm unheimlich ist und mit dem er in dieser Form gelassen umgehen kann. Wenn dem so ist, gehört Angst auf jeden Fall zum Leben.

Später wird deutlicher, dass die Angst dem Menschen sogar hilft, sein Leben zu optimieren.

Und vor allem – Das Gute siegt über das Böse. Die Angst ist gebannt. Es kann ruhig in die Zukunft geschaut werden.

Eingebildete oder tatsächliche Angst?

> *„Den größten Fehler, den man im Leben machen kann, ist,*
> *immer Angst zu haben, einen Fehler zu machen."*
> **Dietrich Bonhoeffer, pol. Theologe**
> **(1906 - 1945)**

Reale Angst

Die reale Angst besteht bei der echten, tatsächlichen Gefahr, die (scheinbar oder real) für Leib und Leben besteht.

Das Erleben dieser realen Angst ist sozusagen wahrnehmbar, also reell. Oft ist beispielsweise die Angst vor Gewitter, aber auch vor Sonnen- oder Mondfinsternis anzutreffen.

Die reale Angst hilft, das Leben zu schützen, nämlich sich vor Gewitter in Sicherheit zu bringen.

Die Natur hat es eingerichtet, dass bei Menschen bei extremen Naturereignissen Angstgefühle ausgelöst werden. Diese Gefühle sichern dem Betroffenen Aufmerksamkeit zur eventuell drohenden Gefahr. Sie schafft ihm die Möglichkeit, sich zu schützen. Die reale Angst ist demnach überlebensnotwendig.

Irrationale Angst

Auf der anderen Seite steht die irrationale, also die nicht greifbare Angst. So wie der Terror, die Angst, pflegebedürftig zu werden oder im Alter zu verarmen (siehe weiter unten).

Der Betroffene leidet hierbei, obwohl diese Ängste gar nicht greifbar sind, unter teilweise tiefgreifenden Angstgefühlen.

Angstgefühle sind bestimmt nicht auf die leichte Schulter zu nehmen. Der Mensch kann die Angst auch nicht einfach so abtun.

Denn dadurch, dass die Angst nicht greifbar ist, ist sie latent, also unterschwellig ständig vorhanden. Sie drückt immerzu aufs Gemüt.

Gegen diese brachiale Angst muss der Betroffene ständig ankämpfen. Der Körper verbraucht hierbei relativ viel Energie, die er an anderer Stelle besser einsetzen könnte.

Durch das ständige Ankämpfen gegen diese Angst befindet er sich in einem dauerhaften Flucht-Kampf-Modus. Dem zunehmenden Stress sind sozusagen Tür und Tor geöffnet.

Vor allem: Er kann die Angst nicht besiegen – und zwar deswegen nicht, weil sie diffus ist. Er schlägt sozusagen ins Leere, so als wolle jemand mit dem Schwert dichten Nebel zerschlagen.

Diese erfolglose Vorgehensweise ist zermürbend. Sie macht auf die Dauer den Menschen kaputt, da keine Erfolge gesehen werden können. Der Mensch wird verzweifelt aufgeben oder erkranken.

Wovor haben die Menschen am meisten Angst?

Die Deutsche Post befragte im Oktober 2016 Menschen, wovor sie Angst haben. Folgende Aussagen rangierten auf den ersten drei Plätzen:

1. Terror
2. Pflegebedürftigkeit
3. Altersarmut

Deshalb wurden genau diese Ängste ein paar Absätze weiter oben genannt. Die drei genannten Bedrohungen sind nicht eindeutig greifbar. Es sind diffuse, also nicht klar abgegrenzte Ängste. Die Fachwelt spricht hier von irrationaler Angst.

Es ist gut zu erkennen, dass Ängste bei entstehender Gefahr auftreten können, wie auch nur durch Gedanken oder Fantastereien.

Frei flottierende Angst

In diesem Zusammenhang lässt sich auch von einer frei flottierenden Angst sprechen, einer Art ‚schwebenden' Angst.

Wissen.de beschreibt die flottierende Angst als ein nicht an eine bestimmte Situation gebundenes Gefühl.

Durch diese Angst entstehen auf die Dauer häufig tiefgreifende Lebensängste. Der Betroffene weiß gar nicht, wovor er Angst hat.

Junge Leute klagen immer wieder über die Angst vor dem Versagen einer zu erbringenden Leistung.

Im späteren Leben tritt die Angst vor dem Verlust des Arbeitsplatzes auf und damit verbunden die handfeste Existenzangst.

Viele ältere Menschen haben Angst vor der Einsamkeit und schließlich auch vor dem Tod beziehungsweise vor dem Sterben.

Ängste dieser Art ziehen sich durch das komplette Leben.

Existenzangst

Die Existenzangst ist eine Angst, die den Betroffenen von außen kommend trifft. Gemeint ist damit, dass jemand anderes diese Angst entstehen lässt.

Sie kombiniert sich mit vielen anderen Ängsten, wie bei den frei flottierenden Ängsten gezeigt wurde.

Die Existenzangst kann gewaltige Folgen nach sich ziehen. Wie es der Begriff bereits ausdrückt, geht es bei dieser Angst um die eigene Existenz.

Die Angst begründet sich auf die mögliche Gefahr, den Arbeitsplatz zu verlieren. Das Einkommen ginge dann verloren. Das Geld zum Überleben würde weniger. Deutliche Einschränkungen wären zu erwarten.

Die Verarmung wäre die befürchtete Folge. Vielleicht auch der Verlust der Partnerschaft oder der Freundschaften.

Dazu käme die Angst vor Krankheiten und so weiter. Die von außen auftretende Existenzangst kann gewaltige (negative) Emotionen auslösen.

Im Gegensatz zur Existenzangst steht die Lebensangst. Sie hat allerdings in der Auswirkung deutliche Ähnlichkeiten mit der Existenzangst.

Lebensangst

Der Unterschied zur Existenzangst liegt darin, dass die Lebensangst von innen kommt. Bei der Lebensangst entsteht das individuelle Gefühl des Eingeschränktseins im eigenen Leben.

Der Mensch hat Angst, dem eigenen Leben nicht gewachsen zu sein und sich nicht selbst entfalten zu können.

Der Betreffende sieht seinen Lebensalltag als ständige Bedrohung. Wo immer er hinschaut, drohen Gefahren, die Angst auslösen.

Die ausgelöste Angst vermittelt das absolute Gefühl, sozusagen eine vermeintliche Sicherheit (also nicht mehr Wahrscheinlichkeit), die drohenden Gefahren nicht mehr abwehren zu können.

Wer unter Lebensangst leidet, hat das Gefühl, bei jedem Verhalten Fehler zu machen und von anderen ausgelacht oder verstoßen zu werden.

Das Selbstbewusstsein sinkt ständig. Es entsteht eine sich nach unten drehende Abwärtsspirale.

Urvertrauen

Eine große Hilflosigkeit entsteht. Forscher meinen, dass die Lebensangst sehr häufig in den ersten Lebensmonaten oder Lebensjahren entsteht. Und zwar dann, wenn das sogenannte Urvertrauen zerstört wurde.

Missbrauch oder Ablehnung durch die Eltern, Verlust einer Bezugsperson lösen dieses Vertrauen, dass Urvertrauen, auf.

Der Jugendliche und der Erwachsene können an Lebensangst ‚erkranken‘, durch eine gefühlte schlimme Situation wie beispielsweise der Tod eines nahen Angehörigen, durch Ausgrenzung und so weiter.

Das Vertrauen in sich selbst geht verloren, weil das Urvertrauen zerstört ist.

Den Begriff Urvertrauen führte der deutsche Psychoanalytiker Erik Homburger Erikson (1902 – 1994) ein.

Vertrauen wiederherstellen

je länger dieser Vorgang anhält, umso mehr wird das Vertrauen zerstört.

Um aus dieser Lebenseinstellung wieder herauszukommen, sollte der Betroffene alles daransetzen, sein Vertrauen wieder zu stärken.

Das Vertrauen soll erneut aufgebaut und nach und nach wieder hergestellt werden.

Professionelle Hilfe kann hier angebracht und sehr hilfreich sein.

Soziale Angst

Auch bei der sozialen Angst spielt mangelndes Selbstvertrauen eine große Rolle. Unsicherheit oder Kritik-Empfindlichkeit lösen unter Umständen die soziale Angst aus.

Sozial bedeutet das menschliche, geregelte Miteinander der Gesellschaft. Dazu gehört das sicherheitsvermittelnde Gefühl des Eingebundenseins in eine Gruppe Menschen.

Gemeint ist der den Umgangsformen entsprechende Umgang mit anderen Menschen. Manche erröten schnell (das kann sich zur Phobie entwickeln und heißt dann Erythrophobie), werden verlegen und suchen deshalb Distanz.

Diese Distanz kann wieder als Arroganz gedeutet werden, was den Menschen weiter ins Abseits drängt. Wenn der Betroffene nicht aufpasst, gerät er in die ungewollte soziale Isolation, obwohl er den Angstauslöser vermeiden will.

Bindungsangst

Jemand hat das deutliche Bedürfnis, eine Freundschaft oder mehr, eine Partnerschaft, einzugehen. Das ist gut nachvollziehbar. Das Individuum sucht eine Bindung, um sich gut entwickeln zu können und glücklich zu werden.

Der Mensch will nicht allein leben. Nun greift bei ihm die Bindungsangst. Er hat nämlich Angst vor menschlicher Nähe. Er fürchtet, dass diese Nähe seine eigene Selbstständigkeit bedroht.

So ist er immer wieder hin- und hergerissen zwischen dem unbändigen Wunsch einer Zweisamkeit und der Angst, seine Freiheit zu verlieren.

Der Betreffende sucht verzweifelt nach einer Beziehung. Geht er eine solche ein, fühlt er sich schnell eingeengt. Das löst wiederum Bedrängnis in ihm aus, sodass er sich bald wieder aus der Beziehung ‚befreien' will und wird.

Außenstehende bezeichnen ihn als nicht beziehungsfähig.

Kann der Betreffende seine Bindungsangst nicht überwinden, wird er wohl auf Dauer Single bleiben (müssen).

Verlustangst

Ein anderer hat das Glück, einen Partner beziehungsweise eine Partnerin gefunden zu haben.

Fröhlich und glücklich leben beide miteinander. Sie lieben sich sehr. Die Liebe wird so stark, dass ein Partner fürchtet, den anderen zu verlieren.

Die sehr ausgeprägte Befürchtung, den/die Partner/in durch eine mögliche Trennung zu verlieren, macht den Betreffenden regelrecht krank.

Überall sieht er Anzeichen für eine mögliche Trennung. Wo immer er hinschaut zeigen sich für ihn Hinweise, die auf eine Abwendung deuten lassen.

Auch der denkbare Verlust der geliebten Person kann ihn an den Rand des Zusammenbrechens führen.

Es kann sein, dass der Betreffende extrem misstrauisch oder eifersüchtig wird. Er wird versuchen, den/die Partner/in ständig zu kontrollieren und so weit wie möglich zu überwachen, am besten lückenlos.

So kann es sein, dass er sich regelrecht an den anderen klammert und ihn damit in seinem Leben einschränkt. Auch wenn das Verhalten nachvollziehbar ist, kann das auf Dauer so nicht gut gehen.

Kein Wunder, wenn sich Partner oder Partnerin abwendet.

Kollektive Angst

Unter einer kollektiven Angst wird die Angst gemeint, die eine komplette Gesellschaftsgruppe betrifft. Der Einzelne in der Gruppe muss den anderen nicht kennen, die Angst ist trotzdem gleich.

So haben viele Menschen Angst vor der Zukunft, was als individuelle aber auch als kollektive Angst bezeichnet werden kann.

Nämlich dann, wenn die Gesellschaft als solche befürchtet, dass beispielsweise die Renten im Alter nicht mehr reichen.

Auch die Angst vor Klimaveränderungen kann eine kollektive Angst sein. Keiner weiß so ganz genau worum es wirklich geht; trotzdem haben aber viele das Gefühl, dass der eingeschlagene Weg nicht der ideale ist.

Kollektive Angst kann die Gesellschaft zusammenschweißen, was im ersten Augenblick gut klingt.

Gleichzeitig werden jene aus dieser Gesellschaftsgruppe ausgeschlossen, die nicht dieselbe Angst empfinden beziehungsweise aus einer anderen Gruppe kommen.

Zum Zeitpunkt des Entstehens dieses Buchs befürchten viele Menschen nicht umsonst den Verlust ihres Lebensstandards.

Und zwar deswegen, dass aufgrund der Flüchtlingssituation das Leben der Deutschen nicht mehr so sein wird wie vorher. Nicht mehr so sein wird bedeutet in diesem Zusammenhang die Furcht, dass sich alles Denkbare zum Schlechten wendet.

Risiko der kriegerischen Auseinandersetzung

Werden kollektive Ängste zu stark, kann es zu Auseinandersetzungen zwischen Gruppen kommen.

So könnte sich theoretisch die Angst zuerst in Demonstrationszügen äußern, gegebenenfalls in Straßenschlachten oder es könnte gar ein Bürgerkrieg entstehen.

Bezieht sich die kollektive Angst auf Menschen außerhalb der Landesgrenzen, schwingt unterschwellig die Gefahr einer kriegerischen Auseinandersetzung mit.

Oft sind politische Systeme darauf angelegt, verschiedene Meinungen zu akzeptieren. Bilden sich allerdings zu extrem denkende Gruppierungen, kann es zur Spaltung der Gesellschaft beitragen.

Es gibt dann nur noch ein großes Entweder und ein Oder. Die Zwischentöne werden nicht mehr gesehen. Es lässt sich kaum mehr konstruktiv diskutieren, da jede Seite ihre Wahrheit als allein gültige sieht.

Gold schürfen und Angst schüren

Tausende Mutige hatten in den Jahren 1848 bis 1855 in Kalifornien versucht, ihr Glück zu finden. Sie suchten nach Gold. Nur wenige Jahre hielt der sogenannte ‚Gold Rush' an.

Immerhin fanden die meisten der Glücksritter kleine Gold-Nuggets. Angeblich im Durchschnitt immerhin etwa 30 g pro Person und Tag. Das war viel.

Der eine oder andere hatte mit dem Schürfen nach Gold tatsächlich Glück und wurde – zumindest vorübergehend – reich.

Das mühsame Gold schürfen haben die Schürfer mit Aussicht auf Erfolg betrieben. Sie hatten keine Angst vor den Gefahren, die sich in der fremden Welt ergaben.

Anders ist es beim Angst schüren. Kaum einer sucht aus eigenem Antrieb nach Angst. Im Gegenteil.

Ein anderer geht gezielt vor und verbreitet absichtlich große Angst bei einer Person. Es liegt in der Regel eine böse Absicht vor, um die betroffene Person zu verunsichern, zu beleidigen oder Hass gegen Dritte zu erzeugen.

Wer Angst schürt, hat meist unlautere Absichten.

Deshalb heißt es aufpassen und sich nicht von solchen Aktionen verunsichern lassen. Ist diese Situation, vor der gewarnt wird, nachvollziehbar? Oder richtet sich die Aktion gegen eine Person, eine Personengruppe oder ein geplantes Vorhaben?

Wer Angst schürt, will oft eigene Interessen vertreten. Durch seine Aktion hofft er, eine größere Personenzahl zu mobilisieren, um seinen eigenen Belangen beziehungsweise seinen Anliegen deutlich mehr Bedeutung beizumessen.

Angst verbreiten

Bevor die Angst geschürt – gewonnen/erzeugt – wird, ist sie nicht vorhanden. Ist die Angst einmal geschürt, wird sie verbreitet.

Die technischen Voraussetzungen heutzutage taugen hierzu geradezu ideal. Über die sozialen Netzwerke lassen sich leicht – und vor allem sehr schnell – Informationen verbreiten. Oft verbreitet sich die erzeugte Angst exponentiell.

Demagogen (Personen, die andere politisch aufwiegeln) und Populisten (Personen, die angeblich die Meinung des ‚kleinen Mannes‘ vertreten) zeigen ihre Stärken in der Fähigkeit, Ängste zu schüren und erfolgreich zu verbreiten.

Je besser ihnen das gelingt, desto machtvoller werden sie.

Bei den verängstigten Menschen treten negative Gefühle auf. Sie meinen, es ging ihnen oder der wirtschaftlichen Situation schlechter als früher. Pessimismus und Depressionen finden einen fruchtbaren Boden.

Die Menschen blicken sorgenvoll in die Zukunft. Deshalb sind sie froh, den Machtvollen vorzufinden, der sie auf die verbreiteten Ängste hinweist und verspricht, sie davor zu retten.

‚Mündige‘ Bürgerinnen und ‚reife‘ Bürger lassen sich nicht so leicht verführen. Sie überprüfen die angstmachenden Behauptungen und bildet sich ihre eigene Meinung.

Vor allem tragen sie dazu bei, die entflammten Ängste nicht weiterzuverbreiten. Sie kämpfen gegebenenfalls sogar dagegen an und versuchen, die zündelnden Ängste auszutreten, zu löschen. Sie lassen sich nicht in eine depressive Stimmung herunterziehen und behalten ihren Optimismus bei.

German Angst

Als eine kollektive Angst kann die German Angst gesehen werden. Interessanterweise gibt es in der englischen Sprache die Bezeichnung ‚German Angst‘.

Diese Bezeichnung bewegt sich in die Nähe der ‚Existenzangst‘. Die Briten sehen darin eine typische Verhaltensweise der Deutschen.

Es wird darin die empfundene deutliche Zurückhaltung und Zögerlichkeit gesehen, gerade wenn es unerwartete, neue Situationen gibt. Die Bedenken scheinen zu hoch.

Die Deutschen wissen, nach Meinung der Ausländer, nicht mit diesen unerwarteten Situationen umzugehen.

Anstehende Neuigkeiten werden kritisch, ängstlich bis abwehrend beäugt. Das Sicherheitsgefühl wird durch das vermeintliche Risiko (siehe dort) stark eingeschränkt.

Es wird befürchtet, dass die gewohnte Sicherheit nicht mehr gewährleistet ist.

Die Sorge um die Zukunft und eine negative Sicht auf diese begründet die German Angst.

Im Ausland werden die Deutschen ob dieser German Angst hin und wieder belächelt.

Eiertanz

Vielleicht ließe sich hier auch ein Begriff wie ‚Eiertanz‘ einfügen, weil offensichtlich eine klare Entscheidung vermisst wird.

Andere gehen vergleichbare Situationen viel pragmatischer an und versuchen nicht, sich in alle Richtungen abzusichern.

Todesangst ausstehen

„Mit Todesangst im Herzen doch ausgehalten;
der einzig wahre Mut."
Heinrich Theodor Fontane, dt. Schriftsteller
(1819 - 1898)

Angst vor dem Tod

Das Wort Todesangst allein kann einem schon Angst einjagen. Tatsächlich drückt das Wort ja aus, dass der Mensch Angst vor dem Tod hat. Demnach wird er sich nicht unnütz in Gefahrensituationen begeben, die das Risiko des eigenen Todes nach sich ziehen.

Aus anderem Blickwinkel ist die Todesangst als generelle Angst vor dem Tod zu sehen. Werden Menschen hierzu befragt, bestätigen viele ein Angstgefühl.

Andererseits ist es wohl allen ziemlich klar, dass kein Mensch dem Tod entgehen kann. Es kann hier von einem Generalisierungsverhalten gesprochen werden.

Das bedeutet: Da ja alle über kurz oder lang mit dem eigenen Tod konfrontiert werden, gibt es keine allzu große Notwendigkeit vor dem eigenen Tod wirklich Angst zu haben. Abgesehen davon:

„Es bringt ja sowieso nichts."

Der Tod wird akzeptiert und die Angst davor meistens auch.

Angst vor dem Sterben

Vielmehr zeigt sich bei Befragten die Angst vor dem Sterben.

Viele äußern die Befürchtung, dass sie – wenn es einmal so weit ist – nicht mehr über sich selbst bestimmen können.

Sie fürchten, dass sie dann in hilfloser Weise auf andere, gegebenenfalls sogar fremde Menschen, angewiesen sind.

So ist der Wunsch vieler Menschen nachvollziehbar, die äußern, dass sie gerne schmerzlos und plötzlich sterben wollen, am besten im Schlaf.

Ja, das klingt sehr angenehm, wobei die Statistik hier in unbeschönigender Art zeigt, dass die Realität für viele ganz anders aussieht.

Panikattacke

Manchmal trifft jemanden schlagartig die Angst vor dem Sterben, sodass fast von einer Panikattacke gesprochen werden könnte.

Sie kann zum Beispiel dann auftreten, wenn der Tod einer nahestehender Person, wie Mutter oder Vater, eindrücklich bewusst wird. Das Unglaubliche, dass die verstorbene Person nie wieder erscheinen und kommunizieren wird. Sie ist unwiderruflich ‚verschwunden‘.

Plötzlich ist es klar, dass niemand unsterblich ist und damit der Betreffende ebenso betroffen sein wird.

Dann kann es sein, dass sich eine Art Ohnmachtsgefühl einstellt, wenn erkannt wird, dass dem Tod nicht entgangen werden kann.

Tödliche Angst

Das Wort Todesangst wird allerdings auch in anderem Zusammenhang verwendet.

Frau Mertens schreckt mitten in der Nacht aus dem Schlaf auf. Hatte sie nicht ein verdächtiges Geräusch wahrgenommen? Da! Da war es wieder!

Der Schreck lässt ihr fast das Blut in ihren Adern gefrieren. Schlagartig kombiniert Frau Mertens: Da ist ein Einbrecher in der Wohnung.

Starr vor Schreck und mit weit aufgerissenen Augen sieht sie zur Schlafzimmertür.

In diesem Augenblick wird von außen die Klinke nach unten gedrückt – die Tür öffnet sich langsam. Frau Mertens spürt Todesangst, die ihr förmlich den Hals zuschnürt.

Diese Konfrontation kann zweifelsohne als Todesangst bezeichnet werden. Findet die Konfrontation tatsächlich statt, ist das natürlich eine äußerst bedrohliche Situation. Besteht die Angst allerdings ‚nur' generell, ist sie nicht greifbar.

Lebensbedrohenden Situationen können solch eine Todesangst auslösen. Der Körper reagiert sofort, indem er große Mengen der Stresshormone Cortisol und Adrenalin ausschüttet. So soll der Mensch zeitnah auf Kampf oder Flucht vorbereitet werden.

Treten Ängste dieser Art häufiger auf, ist es sicherlich sinnvoll, professionelle Hilfe anzunehmen und/oder sich mit anderen darüber auszutauschen.

Vielleicht gab es einmal ein Erlebnis in früheren Jahren, das diese Angst entstehen ließ.

Hypochondrie

In der Komödie ‚Der eingebildete Kranke' von Molière spielte der französische Schauspieler Molière (Jean-Baptiste Poquelin, 1622 – 1673) selbst die Rolle des eingebildeten Kranken auf der Bühne.

Sieben Tage nach der Uraufführung, während der vierten Vorstellung am 17.02.1673, erlitt Molière einen Schwächeanfall. Er verstarb wenig später.

So selten scheint die Angst vor Krankheiten nicht zu sein. Zurück zur Hypochondrie. Der Betroffene jammert ständig, da er sich krank fühlt. Er hat das Gefühl an einer ernsthaften, vielleicht sogar lebensbedrohenden Krankheit zu leiden.

Deshalb findet er sich zu regelmäßigen Besuchen beim Hausarzt und den Fachärzten ein. Der vermeintlich Kranke wird als Hypochonder bezeichnet.

Sein vermeintlicher Vorteil zeigt sich darin, dass andere ihn sorgenvoll bemitleiden, mehr Aufmerksamkeit oder Hilfestellung anbieten.

Allerdings wird den Hypochonder dieses Verhaltensmuster in seinem Verhalten eher bestärken.

Unabhängig davon ist zu berücksichtigen, dass der Betroffene wirklich Angst vor Krankheiten hat.

Noch ein Hinweis: Durch die sogenannte ‚selbst erfüllende Prophezeiung' kann es vorkommen, dass der Betroffene auch tatsächlich erkrankt.

Somatoforme Störungen

Bei der Hypochondrie handelt es sich um sogenannte somatoforme Störungen (Soma heißt Körper).

Durchschaut ein Arzt den Hypochonder und entlarvt er ihn, stellt das für den Hypochonder gar kein Problem dar: Er wechselt einfach den Arzt.

Die Bezeichnung hierfür nennt sich Ärztehopping.

Konversionsstörung

In dieselbe Gruppe der Störungen gehört die sogenannte Konversionsstörung.

Wie eben bereits berichtet, kann der Betroffene tatsächlich krank werden. Im Extremfall tritt eine Veränderung bisheriger gesunder Funktionen des Körpers ein.

So kann jemand beispielsweise tatsächlich erblinden, eine körperliche Teillähmung erleiden oder an vergleichbaren chronischen Störungen erkranken.

Eine ernstzunehmende Sache.

Angst vor Kontrollverlust

Bei der vorliegenden Auswahl verschiedener Ängste soll die Angst vor Kontrollverlust nicht fehlen. Der Betroffene verspürt die Angst, die Kontrolle über sich selbst zu verlieren.

Dazu zählt das Gefühl, die Kontrolle über den eigenen Körper zu verlieren.

Muss sich die Person operieren lassen und muss dazu narkotisiert werden, wird es sehr kritisch für sie. Denn dann kann sie über sich selbst nicht mehr bestimmen. Die Kontrolle über das Ich geht verloren. Die Person fühlt sich ausgeliefert.

Ein anderer leidet zum Beispiel unter der Angst vor eigenen aggressiven Impulsen gegen sich selbst oder gegen andere.

Er hat seine Emotionen nicht mehr gut unter Kontrolle. Wird er gereizt, kann es sein, dass er überreagiert. Aufgrund seines möglichen aggressiven Verhaltens kann es nicht nur zu Verletzungen und Schädigungen kommen. Der Kontrollverlust kann auch ein juristisches Nachspiel haben.

Andere haben Angst vor sexuellen Bedürfnissen, vor allem dann, wenn diese Bedürfnisse von der gesellschaftlichen Norm abweichen.

Sie haben Angst, dass andere etwas von ihrer ‚Neigung' mitbekommen. Die befürchtete Folge wäre möglicherweise eine gesellschaftliche Ächtung.

Und schließlich gibt es Menschen, die Angst davor haben, verrückt zu werden. Jedes Verhalten wird daraufhin durchleuchtet, ob sich noch ‚normal' verhalten wird. Normal heißt, der gesellschaftlichen Norm entsprechend.

Hyperventilation

Wird in angstauslösenden Situationen übermäßig schnell oder zu tief Atem geholt, wird von Hyperventilation gesprochen.

Dabei wird zu viel Sauerstoff eingeatmet und zu viel Kohlendioxid ausgeatmet. In echten Angstsituationen hilft diese Konstellation Kampf-Situationen zu meistern. Bei reinen Angstanfällen hingegen wird der Sauerstoff nicht mehr abgebaut.

Der Betroffene muss sich unbedingt beruhigen. Kehrt er nicht zu einer normalen Atmung zurück, empfehlen Fachleute, in eine Tüte, die über Nase und Mund reicht, auszuatmen.

Dabei wird die ausgeatmete Luft beim nächsten Atemzug wieder eingeatmet. Das hat zur Folge, dass der Sauerstoffgehalt sinkt, da keiner mehr aus der Luft zugeführt wird.

Stattdessen wird Kohlendioxid wieder eingeatmet. Die Konzentration von Kohlendioxid im Blut wird erhöht und führt dadurch wieder zu einer beruhigten Atmung. Dieser Vorgang wird als ‚Rückatmung' bezeichnet.

Nebenwirkungen der Hyperventilation

Der Betroffene verspürt die Angst, dass dieselbe Situation wieder auftritt. Deshalb reagiert er sofort mit Herzklopfen oder Schmerzen in der Brust.

Er wird vorsichtiger und vorsichtiger.

Er fürchtet sich vor einem nächsten Anfall. Deshalb will er seine vertraute Umgebung nur ungern verlassen, was zur sozialen Isolation führen kann.

So entsteht die Angst vor der Angst.

Angst vor der Angst

„Mut ist Widerstand gegen die Angst.
Sieg über die Angst, aber nicht Abwesenheit von Angst."
Mark Twain (Samuel Langhorne Clemens), US.-am. Dichter
(1835 - 1910)

Der Teufelskreis der Phobophobie

Die Angst vor der Angst wird auch Phobophobie genannt. Die Angstsensitivität bezeichnet die Angst beziehungsweise Furcht, dass „ich Angst vor meiner eigenen Angst verspüre."

Hierbei gerät der Betroffene in einen Teufelskreis, aus dem er meist alleine nicht mehr herauskommt.

Die Angst allein kann bewältigt werden, die Angst vor der Angst hingegen bedeutet eine echte Herausforderung für den Betroffenen.

Um Angstsituationen zu vermeiden, meidet der Betroffene alle Orte oder Situationen, an beziehungsweise in denen die Angst ausgelöst werden kann.

Das bedeutet, dass er nur ungern die eigenen vier Wände verlässt und demnach immer weniger am gesellschaftlichen Leben teilhat. Er verliert nach und nach seine sozialen Kontakte.

Gleichzeitig wird seine Bewegungsfreiheit beeinträchtigt und die eigene Lebensqualität vermindert. Unter Umständen droht sogar der Verlust des Arbeitsplatzes.

Das heißt: Hilfe suchen, sobald Angst vor der Angst spürbar wird.

Der englische Dramatiker William Shakespeare (1564 – 1616) meinte: „Das Schlimmste fürchten, heilt oft das Schlimmere."

Ein Leben mit Panik und Furcht?

Panik

Angstattacke

Nach einer klassischen Angstsituation wird durch die Flucht- beziehungsweise Kampfreaktion die Angst wieder abgebaut. Die Angst verschwindet wieder.

Das ist auch gut so, denn der Körper muss wieder in einen ausgeglichenen Zustand zurückkommen können.

Tritt jedoch zu oft Angst beziehungsweise Furcht auf, kann der menschliche Körper mittelfristig tatsächlich Schaden nehmen.

Ist das Gefühl der Angst allerdings ständig zu stark oder anhaltend, entwickelt sich Panik.

Meist tritt Panik unerwartet und schlagartig auf.

Das Wort Panik soll sich ableiten vom Namen ‚Pan', dem griechischen Hirtengott. Ein unerwarteter, gellender Schrei schreckte in der Mittagsruhe die ruhende Herde zur Flucht auf.

Eine Panikattacke beziehungsweise ein Angstanfall kann grundsätzlich jeden einmal erwischen. Wie im Angst-Spektrum weiter oben schon erläutert, gerät der Mensch bei einer Panikattacke in einen Zustand eines sehr intensiven Angstgefühls.

Er fühlt sich in diesem Augenblick tatsächlich bedroht. Dabei kann die Bedrohung wirklich vorliegen oder auch nur angenommen sein.

Schockzustand

Unter Panik bleibt in der Regel eine tatsächliche Flucht- oder Kampf-Reaktion aus. Da der Körper weder fliehen noch kämpfen kann, verfällt er in eine Starre. Der Mensch ist vor Angst sozusagen gelähmt.

Das kann gegebenenfalls zu einem Schockzustand, einer Schockstarre führen oder gar zu einem Trauma.

Durch die mögliche Lähmung – die starre Bewegungslosigkeit – kann der Mensch nicht handeln. Der Mensch ist nicht nur unbeweglich, sondern regelrecht handlungsunfähig.

Die mentale Starre kann wenige Augenblick bis zu mehreren Stunden anhalten.

So ist es gut, wenn er sich aus dieser Attacke baldmöglichst wieder lösen kann, um nach und nach vorsichtig ‚bewusst' mit der eingetretenen Situation umzugehen.

Traumatische Erfahrungen

Überlebende einer Katastrophe, eines Terroranschlags oder einer lebensbedrohenden Situation, einer Vergewaltigung oder eines schweren Autounfalls haben meist traumatische Erfahrungen durchlitten.

Der Betroffene befindet sich oft in einer starken psychischen Anspannung und ist daher besonders empfindlich.

Er leidet unter Albträumen und lebt jahrelang, gegebenenfalls ein Leben lang unter ständiger Angst.

Das Wort ‚Trauma‘ kommt aus dem Griechischen ‚trauma‘ für ‚Wunde‘ oder ‚Verwundung‘. An sich wird bei körperlichen Verletzungen von einem Trauma gesprochen. Die Verwundung ist medizinisch zu behandeln.

Die Bezeichnung Trauma hat sich auch bei psychischen, seelischen Verletzungen, eingebürgert.

Verletzungen körperlicher und psychischer Art können nicht nur Schmerzen, sondern auch Ängste hervorrufen.

Eine Traumatherapie kann helfen, das Trauma zu überwinden.

Albtraum

Die meisten Menschen erinnern sich an bewegende und lebhafte Träume. Träume helfen dem Menschen, Erlebtes – im Schlaf – zu verarbeiten.

In Träumen treffen Menschen aufeinander, die sich in Realität nie sehen oder treffen konnten (weil sie zum Beispiel zu unterschiedlichen Zeiten lebten).

Gefühle werden freigesetzt. Emotionen wie Freude, Zuneigung, Verständnis werden empfunden. Wunderbar.

Manchmal wird allerdings auch Beklommenheit, Angst oder Furcht ausgelöst. Hin und wieder sind diese Gefühle so stark, dass von Albträumen gesprochen wird.

Vorfahren kannten die Bezeichnung Alpdruck, Nachtmahr oder Nachtschaden.

Ein Albtraum ist ein Traum, der bedrohliche Situationen darstellen lässt. Das veraltete Wort Nachtschaden weist darauf hin, dass Albträume Schaden anrichten können.

Wer einen Albtraum ‚durchlebt‘, wacht unter Umständen schreckhaft auf. Das Geträumte ist noch sehr gut – sehr lebhaft – in Erinnerung.

Der Betroffene soll sich klarwerden, dass die geträumten Ängste nur <u>geträumt</u> sind. Möglicherweise hilft ihm das Bewusstsein beim nächsten Albtraum, um diesen als solchen einzustufen und zu entlarven.

Furcht

Das ist fürchterlich

Weiter oben wurde die Abgrenzung zwischen Angst und Furcht gezogen. Im Falle der Furcht sieht der Betroffene eine konkrete Bedrohung.

Aus Sicht des Betroffenen ist diese Bedrohung tatsächlich real, auch wenn er sie sich nur einbildet.

Im Gegensatz zur eher diffusen Angst scheint hier eine Aktion viel notwendiger zu sein.

Geht nämlich von einer Sache oder einem Lebewesen tatsächlich Gefahr aus, muss – nicht kann – gehandelt werden.

So kann festgehalten werden, dass die Furcht lebensnotwendig ist, dass sie dem Menschen hilft aktiv zu werden, um tatsächlich auch überleben zu können.

Aus einer allgemeinen Angst kann eine konkrete Furcht entstehen.

„Ich habe Angst vor dem morgigen Tag."

„Ich fürchte mich vor der Mathematik-Prüfung."

Im Sprachgebrauch gibt es folgende Beispiele:

„Jemand jagt einer anderen Person Furcht ein." Oder:

„Er lebt in ständiger Furcht vor etwas."

Ein Anblick kann furchterregend oder furchteinflößend sein. Aus Furcht vor Strafe (nicht aus Angst vor Strafe), handelte einer so oder so. Bei der Gegenüberstellung zitterte er vor Furcht.

„Das, was ich erlebt habe, war furchtbar."

„Ich bewundere die Furchtlosigkeit meines Nachbarn."

„Fürchte die Gesetze, halte sie ein, aber ängstige dich nicht."

„Ich fürchte, dass heute kein Mensch kommt."

„Der Lärm ist furchtbar."

„Der Überfall war Furcht erregend."

„Die Nachrichten sind Furcht einflößend."

Weiter steht das Wort ‚fürchten' in folgendem Zusammenhang:

- Ich fürchte = ich habe Respekt.
- Fürchte Gott = respektiere Gott, aber habe keine Angst.
- Fürchten = achten, nicht ängstigen!

„Das ist ja fürchterlich!"

Elias verfolgt im Fernsehen die Nachrichten zum Zugunglück. Der Triebwagen ist entgleist, die Waggons sind miteinander verkeilt.

„Das ist ja fürchterlich", stöhnt Elias.

Obwohl er beim Anblick der Bilder keine Furcht spürt, empfindet er das Geschehene nach dem Unglück als Furcht erregend, als fürchterlich.

„Was der Täter mit dem Opfer anstellte, war fürchterlich."

Gemeint ist: abscheulich.

„Das Dessert schmeckte fürchterlich."

Der Nachtisch mundete offenbar überhaupt nicht.

„Das Küchengerät war fürchterlich teuer."

Andere würden sagen, es kostete sündhaft viel Geld.

„Nach dem Unfall war er fürchterlich entstellt."

Die Gesichtshaut sah entsetzlich aus.

Fürchterlich wird auch im Sinne von ‚übertrieben unangenehm‘ verwendet:

„Im Urlaub war es fürchterlich heiß."

Die Temperatur lag deutlich über der Erwartungshaltung des Touristen.

Ehrfurcht

Auch in Wörtern wie Ehrfurcht oder Gottesfurcht (Eusebie) wird der Begriff Furcht hörbar.

Er zeigt und betont den Respekt vor einem bestimmten Menschen, Wesen oder einer Übermacht.

Neben dem gezeigten Respekt ist auch eine gewisse Scheu oder vielleicht sogar eine Art Unterwerfung zu erkennen.

Teil 2 – Phobie

Phobie – die zwanghafte Angst

Grenzwertige Ängste?

Was ist Phobie?

Die Phobie ist eine starke Angst, die sehr heftig auftritt, vom An-
lass her unbegründet ist und in nichtbedrohlichen Situationen
auftritt. Die Phobie ist gezielt auf eine (meist) von außen auftretende Situation bezogen. Sie zeigt zwanghafte Züge auf.

Der Betroffene wird als Phobiker bezeichnet. Für Außenstehende
ist der Angstzustand oft unbegründet.

Der Phobiker versucht, alle angstauslösenden Objekte und Situationen zu vermeiden. Er geht nicht mehr auf die Straße, meidet
sehr weite oder enge Plätze (Agoraphobie ist die Angst vor weiten
Plätzen, was genau genommen die Platzangst bedeutet. Die
Angst in engen Räumen hingegen ist Klaustrophobie).

Beklemmungen können bis zur Ohnmacht führen. Die Angst, ein-
geschlossen zu sein, ist für den Betroffenen fürchterlich. Allein
der Gedanke an diese Situation lässt den Betroffenen verzwei-
feln.

Das Wort ‚Phobie' kommt aus der griechischen Sprache. ‚Phobos',
was der ‚Furcht' nahekommt.

Tatsächlich wird von Angst- oder Panikstörungen gesprochen. Die Phobie ist eine krankhafte, unbegründete und dauerhafte Angst.

Angst vor Menschen, Tieren oder Dingen, vor Situationen oder Tätigkeiten.

Das Gegenteil einer Phobie ist das ‚philia‘, was ‚Freundschaft‘ beziehungsweise ‚philio‘ für ‚Freund‘ heißt. Eine Phobie könnte also als Feindschaft betrachtet werden.

Angst, die übertrieben wirkt

Die vierte Stufe Warwitz' Erscheinungsformen der Angst weist auf die Phobien hin. Dort heißt es: Phobien sind krankhafte Angstzustände, wie zum Beispiel die vor Spinnen.

Die Phobie gilt als zwanghafte Angst, die von anderen manchmal als übertrieben angesehen wird.

Wie weiter oben beschrieben, ist die Phobie das Gegenteil von Freund beziehungsweise Freundschaft. Sie kann gesehen werden als eine Feindschaft gegen etwas, was die extreme Angst entstehen lässt.

Für die betroffene Person ist die Phobie bestimmt nicht lustig. Für den Außenstehenden manchmal schon.

Tatsächlich gibt es eine Schulphobie, nämlich die ernstzunehmende Angst vor dem Schulbesuch, die oft mit Übelkeit oder Bauchscherzen einhergeht.

Viele Schülerinnen und Schüler können bestimmt von solcher Angst berichten. Sie leiden tatsächlich unter Übelkeit und bilden sich diese körperliche Reaktion nicht ein.

Kaum vorzustellen, welche Qual es für die schulpflichtige Person bedeutet, den Weg zur Schule zu nehmen.

Wäre es nicht schön, könnten sich Kinder und Jugendliche auf den täglichen Unterricht freuen? Wäre es erstrebenswert, mit Begeisterung lernen zu können und sich ein gesellschaftlich soziales Umfeld aufzubauen?

Kinder und Jugendliche sind neugierig und begierig, Neues aufzusaugen. Schade, dass Ängste dieses Bedürfnis blockieren können.

Pfui Spinne – Spinnenphobie

Manche Menschen haben eine Tierphobie (auch Zoophobie), wie die Spinnenphobie (Arachnophobie), Angst vor Katzen (A-elurophobie beziehungsweise Ailurophobie), vor Hunden (Kynophobie), vor Vögeln (Ornithophobie).

Schon das Denken an eine Spinne löst bei jenen, die unter einer Spinnenphobie leiden, heftige Abwehrreaktionen aus.

Dabei ist es vollkommen egal, ob es sich um harmlose Exemplare oder möglicherweise um giftige Spinnen (die es in hiesiger Kultur gar nicht gibt) handelt.

Die unterschwellige Gefahr, von einer Spinne gebissen zu werden und damit quälende Verletzungen mit nicht definiertem Ausgang zu erleiden, ist einfach zu hoch.

Angeblich leiden in Deutschland etwa 5 Prozent der Menschen unter dieser Phobie. Das würde demnach über 4 Millionen Menschen in Deutschland betreffen.

Interessanterweise ist bei Naturvölkern diese Angst weitestgehend unbekannt.

Trotz verschiedener Theorien gibt es keinen eindeutigen Grund, weshalb es hierzulande diese übertriebene Spinnenangst gibt.

Allerdings scheint es ziemlich sicher zu sein, dass die Ursache für die Angst vor Spinnen schon in der frühen Kindheit liegt.

Phobien nicht belächeln

Bedauerliche Menschheit, könnte hier jemand äußern.

Auch wenn viele über die einzelnen Phobien lächeln oder lachen werden, soll hier eindringlich noch einmal erwähnt werden, dass für den Betroffenen diese Ängste sehr starke Gefühlsempfindungen negativer Art auslösen und sein Leben immens einschränken.

Auf den nächsten Seiten folgt eine (unvollständige) Aufzählung weiterer Phobien.

Abgesehen der im bisherigen Text bereits erwähnten Phobien, werden weitere Phobien hier in verschiedenen Gruppen aufgeführt, um eine grobe Übersicht der Vielfältigkeit dieser Angstzustände zu erhalten.

Bekanntlich kann sich ein Mensch nur optimal entwickeln, wenn er von klein auf mit anderen Menschen zu tun hat. Der Umgang mit ihnen stärkt sein Selbstbewusstsein.

Die Kommunikation erweitert das eigene Wissen und das Einfühlungsvermögen in andere. Dumm, wenn jemand unter einer Phobie anderen Menschen gegenüber leidet.

Anthropophobie – der Mensch

Begonnen wird mit der Anthropophobie, welche die Angst vor Menschen und der Gesellschaft bedeutet.

Die Angst vor Berührung durch andere Lebewesen heißt Aphephosmophobie. Chiraptophobie und Haphephobie ist die Angst, durch andere Menschen berührt zu werden und die Haptophobie, die Angst sich durch Berührung anzustecken.

Die Angst vor Frauen ist die Gynäkophobie, die vor Männern ist die Androphobie.

Eine Angst, die sicherlich viele Menschen kennen, ist die vor dem Zahnarzt. Die Angst vor Ärzten generell wird als Arztphobie bezeichnet. Die spezielle Angst vor Zahnärzten heißt Dentophobie. Die Angst bezieht sich nicht auf die Ärzte, sondern auf die vermutete schmerzhafte Behandlung.

Davon Betroffene halten lieber starke Zahnschmerzen aus, als den Weg zu einem Zahnarzt oder einer Zahnärztin zu wählen.

Je länger das Hinauszögern dauert, umso schwerwiegender können/müssen spätere Eingriffe sein. Am besten den Zahnarzt vor der Behandlung auf die Angst hinweisen. So kann bedächtig und sensibel mit dem Patienten umgegangen werden.

Enochlophobie oder Ochlophobie ist die Angst vor Menschenansammlungen. Die Angst vor Menschenmassen und überfüllten Plätzen ist die Demophobie.

Angst vor alten Menschen ist die Gerontophobie. Eher bekannt sein dürfte die Soziophobie (Soziale Phobie), die übersteigerte Angst vor sozialen Begegnungen. Menschen meiden zwischenmenschliche Kontakte.

Autophobie – Das eigene Ich

Wie beschrieben, ist die Angst vor anderen Personen in der menschlichen Gesellschaft eine Herausforderung.

Wirklich dumm dran ist auch derjenige, der Angst davor hat, auf sich alleine gestellt zu sein. Hier wird von Autophobie gesprochen.

Die betroffene Person hat Angst davor, alleingelassen zu werden. Sie hat extreme Angst vor dem Alleinsein. Deshalb sucht sie ständig und intensiv nach Kontakten.

Am liebsten will die Suchende immer mit anderen zusammen sein. Meist hat die Person einen sehr großen Bekannten-, eventuell sogar Freundeskreis.

Immer wieder werden neue Treffen vereinbart, um mögliche Phasen des Alleinseins zu vermeiden. Die Person will andere Personen sehen und sich mit ihnen austauschen.

Wer hingegen Angst hat, sein eigenes Spiegelbild zu betrachten oder sich überhaupt vor Spiegeln fürchtet, leidet an einer Spektrophobie.

Die meisten Menschen, die Kinder in die Welt setzen wollen, sind glücklich. Schwierig wird es für jene, die Angst vor der Schwangerschaft haben, vor der sogenannten Schwangerschaftsphobie (Gravidophobie).

Wer an einer Abortphobie leidet, hat Angst vor einer Fehlgeburt.

Jemand hat Angst davor zu sprechen (Logophobie) oder davor, ausgelacht zu werden (Gelotophobie).

Agoraphobie – Der Weg zur Arbeit und das soziale Umfeld

Wer unter Amaxophobie leidet, wird nicht mit dem Auto zur Arbeit fahren, sondern möglicherweise mit der Bahn. Das kann wiederum der nicht, der vor Zügen, Zugreisen oder Schienen Angst hat (Siderodromophobie).

Agoraphobie

Geht er zu Fuß, kann er das nur, wenn er nicht unter der Agoraphobie leidet, nämlich der Angst vor weiten Plätzen, Angst vor Reisen generell und vor Menschenansammlungen.

Der Psychiater Carl Friedrich Otto Westphal (1833 – 1890) arbeitete als Direktor der Neurologie an der Klinik für Nervenkranke an der Berliner Charité.

Im Jahr 1872 beschrieb er den Begriff Agoraphobie. Damit bezeichnete er die Angst von Personen, sich auf großen Plätzen aufzuhalten oder diese zu überqueren.

Westphal fand auch eine Erklärung für diese Angst. Die Berliner Einwohnerzahl war zwischen den Jahren 1800 und 1871 auf unglaubliche 800.000 gestiegen. Das waren 5-mal so viel wie zum Jahrhundertwechsel.

Die Angst vor dem Überqueren einer Brücke

Wer zum Arbeitsplatz eine Brücke überqueren muss, sollte nicht unter Gephyrophobie leiden.

Akrophobie bezeichnet die Angst vor Höhen und Tiefen.

Angeblich soll den deutschen Schriftsteller Golo Mann (Angelus Gottfried Thomas Mann, 1909 – 1994) beim Überqueren einer Brücke in München diese Angst befallen haben. Er konnte nicht weitergehen. Seine Muskeln verweigerten die Aktion.

Um die Brücke überqueren zu können, kam er auf einen genialen Gedanken: Er winkte ein Taxi heran, das ihn an das andere Ende der Brücke fuhr.

Inwieweit der Taxifahrer über die kurze Fahrt begeistert war, dazu liegen keine Berichte vor.

Ein zweifelhaftes Glück hat derjenige, der sich fliegend über Brücken hinwegbewegen kann. Er benutzt ein Flugzeug, um weitere Strecken zurückzulegen.

Einige, die schon einmal geflogen sind, hat ein eigenartiges und sehr unangenehmes Gefühl heimgesucht. Andere betreten die Flugkabine schon gar nicht. Möglicherweise leiden sie unter der Flugangst (Aviophobie). Diese Angst vorm Fliegen kann schon einige Tage vor dem geplanten Flug auftreten oder unmittelbar am Flug-Gate.

Wenn immer möglich, meiden die unter der Flugangst leidenden Menschen jegliche Flüge. Für Urlaubsreisen werden Ziele ausgesucht, die mit der Bahn oder dem Auto zu erreichen sind.

Am Arbeitsplatz

Wer es nun endlich an den Arbeitsplatz geschafft hat, sollte nicht unter der Arbeitsplatzphobie leiden. Hier wäre ein Home-Office besser gewählt.

Möglichst wenig Technik darf zum Einsatz kommen (Technophobie). Alles muss möglichst beim Bewährten bleiben.

Sonst greift die Neophobie beziehungsweise die Cainophobie, die Angst vor Neuerungen oder die Methatesiophobie, die Angst vor Veränderungen, allerdings auch vor Erfolg.

Die Furcht vor Verantwortung heißt Hypergiaphobie.

Viele Jugendliche geraten förmlich in Panik, wenn ihnen der Zugang zu ihrem Smartphone entzogen wird. Leiden sie schon unter der Nomophobie, nämlich der Angst, ohne Mobiltelefonkontakt zu sein?

Die Angst vor spitzen oder scharfen Gegenständen ist die Aichmophobie und die vor Feuerwaffen ist die Hoplophobie – die an den meisten Arbeitsplätzen sowieso nicht auftreten sollte.

Einige Phobien sind nachvollziehbar. Eine gewisse, unterschwellige Gefahr scheint vorhanden. Geht von einer schönen Blume eine Gefahr aus?

So sollten Blumen den Arbeitsplatz angenehm gestalten. Das gilt aber nicht bei der Anthophobie, der übersteigerten Angst vor Blumen.

Ganz schön anstrengend, die Gefahren, die rund um den Arbeitsplatz drohen.

Nach all diesen Aufregungen wundert es somit nicht, wenn einer krank wird oder vor Müdigkeit einschläft. Dumm für denjenigen, der Angst vor Müdigkeit/Ermüdung hat (Kopophobie). Ob er versucht, sich ständig wachzuhalten?

Triskaidekaphobie – Die Unglückszahlen

Auch ganz moderne und aufgeklärte Menschen offenbaren in bestimmten Situationen, dass sie nicht ganz vom Aberglauben befreit sind.

So gilt in hiesiger Kultur die Zahl 7 als Glückszahl. Pech hat die Zahl 13, die von vielen Menschen als Unglückszahl geschmäht wird.

Deshalb aufpassen: Keinen Vertrag an einem Freitag, dem 13. unterschreiben (Paraskavedekatriaphobie). Dass die Zahl 13 allein schon Unglück bringend ist, weiß ja wohl fast jeder (Triskaidekaphobie beziehungsweise Tridecaphobie).

In anderen Kulturen, zum Beispiel in Japan, gibt es eher die abergläubische Angst vor der Zahl 4, die Tetraphobie.

Die Hexakosioihexekontahexaphobie (gr. ‚Hexakosioihexekontahexa' für ‚666') betont die zwanghafte Angst vor der dreistelligen Zahl 666. Diese steht für den Antichristen, für den Teufel. Oh, mit solchen Gestalten wollen die meisten Menschen sowieso nichts zu tun haben.

Manche hingegen verzieren sich das Nummernschild ihres PKWs mit der Zahl ‚666'. Soll dies ein diskreter Hinweis auf die (gewünschte) Nähe zum Teufel sein?

Noch ein langes Wort: Hippopotomonstrosesquippedaliophobie. Wer soll sich solch ein Wort merken? Dieser Begriff steht für die Angst vor langen Wörtern. Sehr passend bei 36 Buchstaben.

Nosophobie – Krankheiten und das medizinische Umfeld

Krankheiten gehören zum Leben, wie die Gesundheit auch. Wer unter der Angst leidet, überhaupt einmal krank zu werden, leidet unter der Nosophobie. Wer dann erkrankt, ist wohl nicht zu beneiden.

Konkreter wird es, den eigenen Körper als entstellt wahrzunehmen (Dysmorphophobie, auch Körper dysmorphe Störung, auch Entstellungssyndrom).

Es kann das Gefühl der eigenen Hässlichkeit entstehen. Damit es keine befürchtete Ablehnung durch Dritte gibt, zieht sich der Betroffene oft zurück. Das wird auf Dauer zur sozialen Isolation führen.

Weiter geht es mit der Herzphobie oder Kardiophobie (Herzerkrankungen), zur Angst vor Krebs (Kanzerophobie oder Karzinophobie), vor Zahnbehandlungen (Odontophobie, Dentophobie).

Die Ängste vor Schmutz oder Ansteckung durch Keime heißen Mysophobie, Misophobie, Molysmophobie, vor Mikroben Bacillophobie, vor Bakterien Bacteriophobie. Die Angst vor Infektionen aller Art ist die Trypanophobie.

Wer sich für eine Behandlung entscheidet, sollte möglichst keine Angst vor Impfungen (Vaccinophobie), vor Strahlung beziehungsweise Röntgenstrahlen (Radiophobie) haben, noch vor Blut (Haematophobie), Erbrechen (Emetophobie) oder gar vor Exkrementen (Coprophobie).

Zoophobie – Tierisches

Einige Ängste vor Tieren wurden weiter oben bereits angesprochen.

So werden nur die Ängste vor Insektenstichen/stechenden Insekten oder Infektion durch Milben und Zecken (Akarophobie), die Angst vor Eidechsen, Reptilien, kriechenden oder krabbelnden Tieren (Herpetophobie) und die Angst vor Parasiten (Parasitophobie) ergänzt.

Die übertriebene Angst vor einem Haifisch im Waschbecken oder im offenen Meer attackiert zu werden, heißt Squalophobie (lat. ‚squalus‘ für ‚größerer Seefisch‘).

In bestimmten Gewässern mag diese Angst nachvollziehbar sein. Weshalb sie aber auch in einem Badesee, einem Pool oder sogar in einer überschaubaren Badewanne entstehen kann, scheint die Haifischphobie sonderbar.

Die übertriebene Angst vor einem kleineren Tier, der Maus (oder anderen Nagetieren) nennt sich Musophobie.

In manchen Filmen oder Serien wird gezeigt, wie eine Schauspielerin voller Schrecken und laut schreiend auf einen Stuhl springt, weil sie eine Maus erblickt. Die Mäusephobie kann natürlich auch Männer betreffen.

Für viele Menschen ist der Anblick einer Maus, beispielsweise in einem Restaurant, ekelerregend. Trotzdem nehmen sie den Anblick gelassen hin. Es scheint auch höchst unwahrscheinlich, dass die Maus den Gast angreifen würde.

Die böse Schlange

Wer spricht nicht schon einmal von einer ‚falschen Schlange‘, wenn er das Verhalten einer bestimmten Person beschreiben will.

War es nicht eine Schlange, die Adam und Eva verführte, was die Vertreibung aus dem Paradies zur Folge hatte?

Im Dschungelbuch (Joseph Rudyard Kipling, brit. Schriftsteller, 1865 – 1936) gibt es doch noch die verführerische Schlange namens Kaa. Erinnern Sie sich?

Kaa hat eine tolle Methode entwickelt: Sie schaut Mowgli tief in die Augen – sehr tief! Und sie schafft es mit dieser hinterlistigen Täuschung, ihr Opfer zu hypnotisieren. Nicht auszumalen, was Kaa dann mit ihren Opfern anstellen kann.

Vielleicht sind das alles Gründe, weshalb einige Menschen Angst vor Schlangen haben. Die Schlangenphobie (Ophidiophobie) hat wild um sich gegriffen.

Laut www.mdr.de leidet etwa ein Viertel aller Menschen in Mitteleuropa unter dieser Furcht vor Schlangen! Falls Sie unter dieser Phobie leiden, soll es Sie zumindest trösten: Sie sind nicht alleine.

Sitiophobie – Umwelt und Natur

Bekannterweise wechseln Tag und Nacht ab. Hell und Dunkel sind im Wechsel. Bei der Angst vor Dunkelheit wird von Achluophobie, Nyktophobie gesprochen, bei der Angst vor Licht von Photophobie.

Nicht zu verwechseln mit der Phonophobie; das ist die Angst vor bestimmten Geräuschen.

In diesem Zusammenhang soll auf die Osmophobie aufmerksam gemacht werden, die Angst vor Geruch. Das betrifft nicht nur natürliche Gerüche, sondern beispielsweise auch das von Parfüm. Interessanterweise zählt auch die Angst vor eigenem oder fremdem Körpergeruch dazu.

„Ich kann dich nicht riechen."

Die Anemophobie greift, wenn jemand Angst vor Wind oder Sturm zeigt. Die Ceraunophobie benennt die Angst vor Gewitter. Das ist bestimmt für viele Menschen nachvollziehbar, erzeugt Gewitter, Donner und Blitz manchmal schon ein wirklich unheimliches Gefühl.

Problematisch ist die Angst vor Wasser, die Aquaphobie, die Angst, Wasser trinken zu müssen, ist die Hydrophobie.

Hat jemand Angst, Nahrung aufzunehmen, leidet er unter Sitiophobie beziehungsweise Sitophobie. Er leidet unter der krankhaften Angst vor Essbarem.

Vermeidet der Betroffene die Nahrungsaufnahme, kann es verständlicherweise zu einer lebensbedrohlichen Situation kommen.

Coitophobie – Sex und Sexualität

Für viele Menschen gelten sexuelle Aktionen als erstrebenswert und sind oft auch etwas Besonderes.

Aber es gibt auch Menschen, die Ängste rund um den Sex empfinden.

In der lateinischen Sprache bedeutet ‚coitus' ‚Beischlaf', deshalb die Bezeichnung Coitophobie. Die Coitophobie steht für die Angst vor Geschlechtsverkehr.

Es bleibt aber nicht beim ungewünschten Geschlechtsverkehr. Denn weiterhin gibt es die Oneirogmophobie, die Angst vor ‚feuchten' Träumen, also Orgasmen im Schlaf.

Und schließlich die übertriebene Angst vor sexuellem Missbrauch, die Contreltophobie. Aus diesem Grund halten Betroffene Abstand zu Personen, bei denen sie Übergriffe sexueller Form befürchten.

Da diese Angst ständig im sozialen Umfeld präsent ist, fällt es Betroffenen unter Umständen außerordentlich schwer, einen unbeschwerten und angstfreien Austausch mit anderen genießen zu können.

Die Genophobie, die Sexualangst, bedeutet allgemein die Angst vor Intimität und/oder Sexualität.

Nekrophobie – Rund um den Tod

Viele Menschen haben Angst vor dem Tod, genauer vor dem Sterben. Hier sollen zwei Phobien zu diesem Thema genannt werden.

Die Nekrophobie, die Angst vor Toten und vor Dingen, die mit dem Tod in Zusammenhang gebracht werden wie Kadaver oder Leichen. Die Taphephobie ist die Angst vor Friedhöfen oder die Angst, lebendig begraben zu werden.

Nun, bei der letzten Variante mögen die meisten Menschen – berechtigt – Angst haben.

Lebendig begraben zu werden – Taphephobie

Focus online spricht hier sogar von einer Urangst des Menschen (Aufruf am 12.12.2016).

In Deutschland gibt es die Regel, dass ein Verstorbener frühestens 48 Stunden nach Eintritt des Todes beerdigt werden darf. Jemand, der als scheintot gilt, hat somit zwei Tage Zeit, wieder in das Reich der Lebenden zurückzukehren.

In früheren Jahren war die Angst davor, lebendig begraben zu werden viel größer als heutzutage. Die medizinischen Hilfsmittel waren weniger ausgereift, sodass nicht immer eindeutig war, ob jemand wirklich schon verstorben war.

Das galt auch für die Zeiten, als Menschen nach Katastrophen oder Epidemien schnell beerdigt oder verbrannt werden mussten.

Auch heute noch gibt es bei vielen Menschen hiesiger Kultur die Angst, dass jemand im Falle einer Bereitschaft der Organspende, zu früh als tot bezeichnet werden könnte.

In einigen anderen Kulturen scheint diese Angst nicht so stark ausgeprägt zu sein.

In Mexiko findet jedes Jahr der Tag der Toten (Día de los muertos) zwischen dem 31. Oktober dem 2. November statt. Seit dem Jahr 2003 gilt er sogar laut UNESCO als ‚Meisterwerk des mündlichen und immateriellen Erbes der Menschheit‘.

Am Tag der Toten werden Städte und Dörfer bunt geschmückt mit Skeletten, hergestellt aus Gips, Zucker oder Pappmaschee. In den Schaufenstern vieler Geschäfte sind Symbole des Todes, wie Schädel (calaveras de dulce), Skelette und Särge, hergestellt aus Marzipan, Zucker oder Schokolade, dekorativ präsentiert.

Zu diesem Fest gehört das aus Süßigkeiten hergestellte Totenbrot, das traditionelle ‚pan de muerto‘, sowie Süßigkeiten in Knochenform oder in Form von Tränen.

Am Tag der Toten wird ein Wiedersehen der Toten mit den Lebenden auf den Straßen und Plätzen, sogar auf den Friedhöfen intensiv gefeiert.

Am Ende des Festes zieht es die Bewohner auf die Friedhöfe, um die Verstorbenen bis zum nächsten Jahr gebührend zu verabschieden.

Dieser besondere Tag ist keine traurige Angelegenheit; hier wird gefeiert, gegessen und getrunken und Musik gespielt; ausgiebige Picknicks finden statt.

Das ist bestimmt keine Feierlichkeit, bei der sich Menschen, die unter Nekrophobie leiden, beteiligen würden.

Keine Phobie, sondern Feindlichkeit

Die folgenden Begriffe werden zwar als Phobie bezeichnet, allerdings handelt es sich nicht um Angsterkrankungen. Die folgenden Bezeichnungen stehen für Feindseligkeiten anderer (Rand-)Gruppen gegenüber.

Da ist zum einen die Heterophobie. Sie ist sozusagen das Gegenstück zur Homophobie. Erstere richtet sich gegen heterosexuelle Menschen. Manchmal wird behauptet, dass der eine oder andere homosexuelle Mann Angst vor heterosexuellen Männern habe.

Übrigens: Das griechische Wort ‚homo‘ steht für ‚gleich‘.

Die Homophobie bezeichnet die Feindseligkeit gegenüber Schwulen und Lesben.

In diesem Zusammenhang sei auch die Transphobie, die Feindseligkeit gegenüber transgeschlechtlichen Personen hingewiesen.

Schließlich die Xenophobie, die Fremdenfeindlichkeit oder Ausländerfeindlichkeit bedeutet.

Die genannten Feindlichkeiten zeigen die Abneigung gegenüber Randgruppen, Minderheiten oder ‚andersartige‘ Menschen.

In den aufgelisteten Fällen gegen nichtbinäre Personen, die sich weder als Mann noch als Frau fühlen, wird auch von Queerfeindlichkeit gesprochen.

Menschen, die den erwähnten Gruppen angehören, haben eher Angst vor denjenigen, denen die jeweilige Phobie unterstellt wird. Eine verdrehte Welt?

Phobien behandeln

Viele Menschen, die unter Phobien leiden, fühlen sich von Nicht-betroffenen belächelt und nicht ernst genommen. Hauptsächlich deswegen, weil die Ängste auf Außenstehende übertrieben wirken.

Die Auflistung oben – dabei wurde nur ein Ausschnitt von Phobien aufgelistet, von denen es angeblich über 400 geben soll – zeigt deutlich, wie unglaublich vielfältig die Bandbreite dieser Phobien ist und wie viele Menschen betroffen sind.

Nicht zu unterschätzen: Die Betroffenen leiden sehr unter ihren Ängsten.

Bekenntnis ist peinlich?

Manche Betroffene kämpfen jahrelang gegen ihre Phobie, einige sogar ihr komplettes Leben.

Wer sich seiner Phobie stellt und ernsthaft an ihr arbeiten will, findet geduldige Fachleute, die professionelle Hilfe bieten können. Dabei ist nur darauf zu achten, an einen seriösen Anbieter zu geraten.

Konfrontationsstrategie

Bei vielen Phobien wird vorgeschlagen, die sogenannte Konfrontationsstrategie zu wählen.

Das soll bei Höhenangst, bei der Spinnenphobie und bei vielen anderen Phobien problemlos möglich sein. Der Betroffene wird ‚einfach' mit seiner Phobie konfrontiert.

Im ersten Fall wird mit ihm auf einen hohen Turm geklettert, um ihn erleben zu lassen, dass ihm nichts dabei geschieht.

Im zweiten Fall wird ihm eine Spinne auf die Hand gesetzt, um erkennen zu können, dass sie ihm überhaupt nichts tut.

Einigen mag diese Konfrontationsstrategie helfen. Um sie anzugehen, muss allerdings in der Regel eine recht hohe Angstschwelle überwunden werden. Sollte danach die Phobie verschwinden, war die Vorgehensweise natürlich hilfreich.

Grundsätzlich gilt allerdings auch, dass der Alltag möglichst ‚normal' gelebt werden soll. Der Mensch soll sich durch seine Ängste oder Phobien möglichst wenig einschränken lassen.

Ein Außenstehender (Familienmitglied, Freund/in) kann oft nicht helfen. Auch gut gemeinte Ratschläge wie

„Stell dich nicht so an", helfen nicht.

Die entsprechende Angst ist da, auch wenn andere diese Angst belächeln sollten.

Manchen Betroffenen ist es peinlich, dass sie unter einer Phobie leiden. Deswegen verschweigen sie diese, was die extreme Angst natürlich nicht verschwinden lässt.

Nach außen hin geben sich die Betroffenen unbeschwert, ‚verbiegen' sich aber manchmal regelrecht, damit keiner etwas von ihren Phobien mitbekommt. Solch ein Verhalten hilft nicht weiter.

Deshalb gilt, wie weiter oben erwähnt: Erst wenn sich der Betroffene seiner Phobie stellt – und die Lösung sucht –, kann ihm Hilfe geboten werden.

Teil 3 – Weshalb muss sich der Mensch fürchten?

Die Ängstlichkeit

Weshalb verspürt der Mensch Angst?

„Angst ist für das Überleben unverzichtbar."
Hannah Arendt, dt. Publizistin
(1906 - 1975)

Ursachen der Angst

Den Ursachen der Angst soll auf den Grund gegangen werden. Deshalb werden die Überlegungen des österreichischen Psychologen Sigmund Freud (Sigismund Schlomo Freud, 1856 – 1939) beleuchtet.

Er sah drei hauptsächliche Ursachen für Angst, die er Realangst, Binnenangst und moralische Angst nannte.

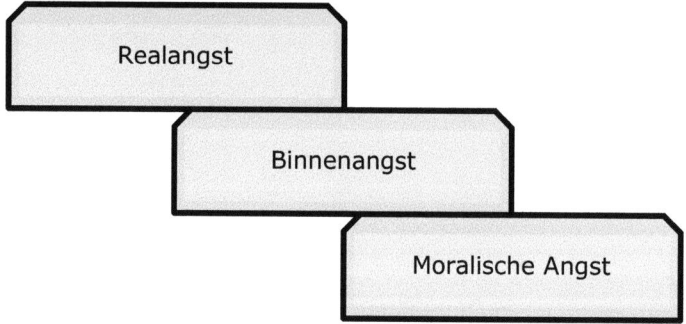

Realangst

Die Realangst entspricht ungefähr der weiter oben erwähnten Furcht. Das bedeutet, dass sich eine konkrete Bedrohung darstellt.

Die gefühlte Realangst wird durch die eigene Verfassung abgeschwächt oder verstärkt. Wenn die Widerstandskraft oder die Tagesform schwächer ist als üblich, kann die Realangst stärker empfunden werden.

Auch hängt sie von früheren Erfahrungen ab, zum Beispiel in der Kindheit.

Um dieser Angst zu entgehen, kann der Betreffende der angstmachenden Situation ausweichen und fliehen.

Andererseits kann er aggressiv werden, sodass die Situation möglicherweise eskalieren kann.

In diese Gruppe der Realängste werden auch die sogenannten Vitalängste gegeben, die bei lebensbedrohlichen Erkrankungen auftreten können. Zum Beispiel bei der oben bereits erwähnten Angina Pectoris.

Binnenangst

Die Binnenangst wird auch neurotische Angst genannt. Laut Freud tritt sie dann ein, wenn das sogenannte Ich vom Es überwältigt wird. Gemeint ist damit, dass die menschlichen Triebe zu stark werden.

Die Realangst wird nicht (mehr) bewältigt und wird dem eigenen Versagen zugeordnet, sodass sie zur Binnenangst wird.

Moralische Angst

Die moralische Angst äußert sich in Schuldgefühlen oder in Scham.

Freuds Über-Ich meldet sich zu Wort und mahnt Regelverletzungen an. Begeht jemand einen Tabubruch, kann sich die moralische Angst einstellen.

Angst als Warnsignal

Obwohl sich die bisherigen Ausführungen eher bedrohlich anhören, gibt es offensichtlich wichtige Gründe, dass die Natur den Menschen diese Angst wahrnehmen lässt.

Der Körper warnt den Menschen, wenn es Gründe gibt, aufmerksam zu sein, zum Beispiel, wenn eine Gefahr droht. Der Körper will den Menschen durch das Auftreten des Angstgefühls schützen.

Deshalb nimmt die Pulsfrequenz zu (Herzklopfen) und der Blutdruck steigt.

Die Atmung wird schneller und die Muskeln werden angespannt. Der Körper ist einsatzbereit, sich der Situation zu stellen.

Je nach Entscheidung erfolgt nun die Flucht oder der sogenannte Angriff; gegebenenfalls auch die Todstellung.

Unter Angriff ist nicht zwangsläufig die physische Attacke gemeint, sondern eher die Bereitschaft, sich der angstauslösenden Situation zu stellen.

Thalamus

Zuständig für die Entstehung der Angst ist der Thalamus im Zwischenhirn. Das Zwischenhirn (Diencephalon) liegt zwischen dem Großhirn und dem Mittelhirn.

Zwei wichtige Bereiche befinden sich im Zwischenhirn, nämlich der Hypothalamus und der Thalamus.

Der Hypothalamus steht in Verbindung mit der Hirnanhangsdrüse.

Er steuert den Kreislauf und die Atmung, regelt den Wärme-, Wasser-, Salz- und Energiehaushalt des Körpers sowie den Schlaf-Wach-Rhythmus.

Manchmal wird der Hypothalamus als Gehirn im Gehirn bezeichnet, da er den Körper stets im Gleichgewichtszustand hält, zum Beispiel Hunger- und Durstgefühl steuert, aber auch den Hunger nach körperlicher Liebe äußert und zuständig für die Regelung der Körpertemperatur ist.

Der Thalamus verknüpft den von außen kommenden Sinneseindruck mit Gefühlen wie zum Beispiel Freude, Angst, aber auch Lust. Er ist zuständig für den Tastsinn und leitet Schmerzempfinden weiter. Er steuert Mimik (Gesichtszüge) und Gebärden, Aufmerksamkeit und den Schlaf-Wach-Rhythmus.

Interessant, dass er für gegensätzlich scheinende Empfindungen wie Freude, Lust und Angst zuständig ist.

Jedenfalls schafft es der Körper, den Menschen vor und bei möglicher Gefahr zu warnen. So kann dieser sich schützen und entsprechende Maßnahmen ergreifen, der Gefahr zu entgehen oder ihr wehrhaft zu begegnen.

Angst ist übertragbar

„Geteiltes Leid ist halbes Leid" sagt der Volksmund.

Möglicherweise trifft das auch auf Angstzustände zu.

Wenn andere erkennen, dass eine Person Angst hat, bieten sie ihr möglicherweise Schutz, da sie gegebenenfalls in dieselbe Gefahrensituation kommen könnte.

Tun sich zwei oder noch mehr Menschen zusammen, steigt erwartungsgemäß die Chance, der drohenden Gefahr erfolgreich widerstehen zu können.

Es kann gesagt werden, dass Angst übertragbar ist und somit die komplette soziale Gruppe schützt.

In der Tierwelt ist das deutlich zu sehen, wenn ein Tier, das Gefahr wittert, plötzlich fluchtartig davon galoppiert und alle anderen Tiere derselben Herde unreflektiert in dasselbe Fluchtverhalten eintreten.

Angst ins Gesicht geschrieben

Die Muskeln, die für die Gesichtszüge zuständig sind, können viele Emotionen verraten. Das Ziehen der Mundwinkel, das Heben der Nasenspitze, das Bewegen der Augenbrauen und so weiter lassen erkennen, ob sich die Person freut, sich ekelt oder Angst verspürt.

Gesprächspartner können demnach die Stimmung einer Person vom Gesicht ablesen.

Ängstlichkeit als Charaktereigenschaft?

„Alle Ängstlichkeit kommt vom Teufel.
Der Mut und die Freudigkeit ist von Gott."
Novalis (eigentlich Georg Philipp Friedrich Freiherr von Hardenberg), dt. Lyriker
(1772 - 1801)

Vorsichtig oder ängstlich?

Wer ängstlich ist, zeigt sich in seinen Charaktereigenschaften vorsichtiger oder zurückhaltender als derjenige, der weniger ängstlich ist.

Deshalb ist dem Ängstlichen oft geholfen, wenn ein anderer bestimmt, was zu tun ist. Der Ängstliche lässt sich leichter führen und verführen.

Je mehr sich der Ängstliche auf den anderen verlässt, desto weniger wird er auf Dauer sein eigenes Leben in seinem eigenen Sinn leben können.

In der Verführung ruht die große Gefahr, einer anderen Person deutliche Macht über sich zu geben. Diese Gefahr kann beispielsweise politisch ausgenutzt werden.

Populismus

Populistisch (lat. ‚populus' gleich ‚Volk') arbeitende Politiker nutzen manchmal diesen Weg, um Ideen umzusetzen oder gar Gesetze zu ändern.

Wenn sie es schaffen, vielen Bürgern und Bürgerinnen Angst vor etwas zu machen, können diese leichter gelenkt werden und zwar im Sinne des Politikers – also nur einer Person.

Es ist erkennbar, welche Macht ein Einzelner über eine große Gruppe Menschen mit dieser Vorgehensweise erzielen kann.

Sind Politiker mutig?

Politiker zeigen und äußern öffentlich so gut wie keine Angst. Das wäre für die Karriere abträglich und würde die Bürgerinnen und Bürger zutiefst verunsichern.

Der Politiker muss Stärke und Zuversicht ausstrahlen. Die Menschen wollen das Gefühl haben, unter der Leitung des Politikers sicher und friedlich leben zu können.

Deshalb sollte der Ängstliche wachsam und vorsichtig bleiben. Trotz aller Ängstlichkeit bleibt es wichtig, sich ein eigenes Bild zu machen.

Eine Basis an Vorsicht ist nötig, um dem ‚richtigen' Mächtigen zu folgen.

Damit der Politiker seine eigene Angst nicht offenbart, äußert er sich lieber so:

„Ich bin ratlos!" Oder:

„Wir sind verärgert/bestürzt."

Trotzdem muss er Entscheidungswillen zeigen und demonstrieren, dass er gegen die entstandene Gefahr vorgehen wird. Es ist wichtig, dass sich die Bevölkerung sicher und stark vertreten fühlt.

Introvertiertes Verhalten

Ängstliche Menschen sind eher introvertiert, das heißt, sie sind eher nach innen gekehrt.

Der weniger ängstliche Mensch hat kein Problem damit, eher extravertiert aufzutreten. Er ist deutlicher nach außen gerichtet.

Introvertierte Menschen neigen dazu, ihre Meinung nicht jedem auf die Nase zu binden. Sie halten sich lieber zurück und verhalten sich überwiegend so, wie sie erwarten, dass ihr soziales Umfeld wünscht, wie sie sich verhalten sollen.

Allerdings heißt das nicht eindeutig, dass ein introvertierter Mensch ängstlich sein muss. Umgekehrt lässt sich das deutlicher sehen. Der ängstliche Mensch ist häufiger introvertiert.

Dem ängstlichen Menschen wird nachgesagt, dass er schüchtern wirkt, unsicher auftritt, zaghaft vorgeht, scheu ist und das Gefühl der Beklommenheit empfindet.

Die aufgelisteten Verhaltensmuster müssen nicht negativ sein. Sie sind neutral einzuordnen.

Das lässt sich beispielsweise an einem scheuen Tier beobachten, das den Menschen nicht zu nahe an sich herankommen lässt. Es wird schon – genetisch bedingt – seine Gründe haben, sich so vorsichtig zu verhalten.

Es zeigt hier eine gewisse Vorsicht, die helfen soll, die mögliche Gefahr auf Abstand zu halten.

Ängstlichkeit – Genetisch oder antrainiert?

Es gilt als nicht gesichert, weshalb ein Mensch ängstlicher ist als der andere. So behaupten einige Untersuchungen, dass bereits bei der Geburt entschieden ist, ob einer mehr zur Ängstlichkeit neigt.

Andererseits gibt es auch deutliche Beobachtungen, dass sich Geschwister oder sogar Zwillinge deutlich verschieden verhalten.

Zwillinge müssen nicht beide schüchtern und zurückhaltend sein. Der eine kann dieses Verhaltensmuster zeigen, wohingegen der andere möglicherweise sehr extravertiert und mutig auftritt.

Sicherheit aufbauen

Sollte der zweite Fall zutreffen, dass sich Zurückhaltung oder forsches Auftreten im sozialen Umfeld entwickelt, muss anders überlegt werden.

Es wäre einleuchtend, dass das soziale Umfeld und vor allen Dingen das Erlebte den Menschen dazu trainiert, entweder vorsichtig oder auf der anderen Seite eher mutig voranzuschreiten.

Noch einen Schritt weitergehend kann diese Überlegung bedeuten, dass das Vorsichtige, das Ängstliche dem Kleinkind erst antrainiert wird.

„Achtung, der Hund kann beißen."

Demnach erfolgte die Entwicklung auch wieder durch sein soziales Umfeld, vordergründig die Eltern.

Überängstlich oder risikofreudig?

Zeigt das Kind eine deutliche Überängstlichkeit?

Das geschieht besonders dann, wenn die Eltern ebenso über-ängstlich handeln aus möglicher Angst davor, dass ihrem kleinen Kind etwas geschehen könnte.

In solch einem Fall wird von Über-Behütung gesprochen.

Dieser Gedanke lässt sich drehen, dass Eltern ihre Kinder durch eigenes Vorleben sicherer, mutiger aufziehen können. Das Kind darf mehr ausprobieren und riskieren.

Es kann lernen, inwieweit seine eigene Neugierde Neues erfahren lässt oder Negatives wie Schmerzen erzeugt. Dabei macht es sich auch mal schmutzig oder ‚fällt auf die Nase'.

Durch das eigene Ausprobieren spürt es, unsichtbare Grenzen zu erkennen, und lernt, wie weit es mit seinen Kräften gehen kann.

Durch Lernen, Erziehen, Training muss es demnach möglich sein, Ängstlichkeit abzubauen.

Vom unbedarften Kind zum überlegt vorgehenden Erwachsenen

Das Kleinkind ist absolut unbedarft. Es vertraut seinen Eltern vorbehaltlos. Intuitiv sucht es nach Wärme und nach Zuneigung.

Sobald das kleine Kind den Unterschied zwischen Ich und Du erfasst – und damit auch den Unterschied zwischen Mein und Dein – fängt es an, Vorteile für sich zu suchen und zu finden. Langsam lernt es, zu schummeln und zu lügen.

Das Verhalten wird beim Jugendlichen ausgeprägter. Es ist ihm ganz klar, wird er beim Lügen ertappt, hat er Tadel oder Strafe zu erwarten. Der Gedanke daran bereitet Angst, weshalb der Jugendliche nicht erwischt werden will.

Er kaschiert geschickt sein Verhalten. Er hat gelernt, zu manipulieren und sich sowie sein Verhalten ins bessere Licht zu stellen.

Er kann geschickt argumentieren und lernt, sein Gegenüber zu überzeugen.

Das geordnete Miteinander

Die Gesellschaft zeigt dem Heranwachsenden von klein auf, was als ‚richtig‘ und ‚falsch‘ gilt. Verhält sich jemand falsch, droht Strafe oder Ausgrenzung.

Wertevorstellungen, Normen, Umgangsformen, Regeln, Gesetze – auch ungeschriebene – sorgen für ein ‚geordnetes‘ Miteinander.

Die unterschiedlichen Ängste sind handfest geworden und begleiten das Leben täglich. Welches Verhalten ist richtig und was ist falsch im Leben?

Sinnfrage

Über kurz oder lang stellt sich dann vielen Menschen die Frage nach dem Sinn des Lebens.

„Wieso bin ich überhaupt hier?"

„Was geschieht, wenn ich nicht mehr hier bin?"

„Ist doch alles sinnlos."

„Egal, was ich mache, das Ergebnis ist immer dasselbe."

Die meisten Menschen werden sich irgendwann in ihrem Leben diese Frage nach dem Sinn des Lebens stellen.

Genau beantworten lässt sich die Frage allerdings nicht. Denn keiner kennt die Antwort. So sucht sich jeder seine eigene Antwort. Sie soll im idealen Falle so befriedigend sein, um dem Leben wieder einen Sinn zu geben.

Der Mensch ist nun in gedankliche Bereiche vorgedrungen, die extreme Ängste auslösen können.

„Was geschieht mit mir, wenn ich nicht mehr da bin?"

„Und danach?"

„Und anschließend?"

Wer versucht, diese Gedanken weiterzudenken, stößt an die Grenzen der menschlichen Vorstellungskraft. Es kann keine allgemeingültige und vernünftige Antwort geben. Der Mensch muss – ob er will oder nicht – aufhören, in dieser Art weiter zu denken.

Sonst riskiert er mentalen Schaden zu nehmen. Die Angst würde zu groß. Es greift möglicherweise der Totstellreflex (siehe dort) der hilft, einfach nicht mehr diese Gedanken zu wälzen.

Partnerschaft und Arbeitsplatz

Abgesehen davon hat er nun ganz anderes zu bewältigen, als sich mit den Fragen dieser Art zu beschäftigen. Eine Partnerschaft ist gebildet, eine Familie gegründet.

Beruflich gesehen geht es (hoffentlich) bergauf.

Und schon lauern die nächsten Ängste.

„Wie kann ich eine materielle Sicherheit schaffen, um meine Familie zu ernähren?"

„Was muss ich tun, um im Job erfolgreich zu sein und meinen Arbeitsplatz zu sichern?"

Unzählige Arbeitnehmer haben Angst, beispielsweise am Arbeitsplatz, vor Vorgesetzten oder vor Aufgaben, die sie fürchten nicht bewältigen zu können. Sensibel reagieren sie auf die kleinsten und möglicherweise verräterischen Zeichen der Geschäftsführung, die auf Veränderung hindeuten, dass der Arbeitsplatz wackeln könnte.

Auch zu Hause kann es zu Ängsten kommen, wenn es beispielsweise in der Partnerschaft kriselt oder der Nachwuchs in der Schule ‚dummes Zeug‘ baut.

Gesundheit

Die Kinder sind aus dem Haus. Wie leise und einsam es auf einmal wird. Die ersten gesundheitlichen Schwächen stellen sich ein. Neue Ängste tauchen auf.

„Ist die Krankheit böse?"

„Wie lange habe ich damit zu kämpfen?"

„Werde ich wieder gesund?"

Einsamkeit

Der Partner stirbt. Es treten Ängste auf, die sich der Mensch als Jugendlicher gar nicht hätte vorstellen können.

„Wie soll es jetzt alleine weitergehen?"

„Kann ich noch einmal glücklich werden?"

„Wie lange habe ich noch zu leben?"

Ängste sind ständige Begleiter des Lebens. Kein Wunder, wenn einer überängstlich wird.

Der Lebensverlauf zeigt, dass es in jeder Lebensphase alterstypische Ängste gibt. Immer wieder ist der Mensch aufgerufen, sich diesen Ängsten zu stellen.

Andererseits darf der Mensch auch Stolz empfinden, wenn er sieht, wie viele Angstsituationen er im Lauf seines Lebens erfolgreich bewältigt hat.

Angsthase

Wer zu ängstlich wirkt, erhält manchmal die Bezeichnung Angsthase.

Wer will schon gerne als Angsthase bezeichnet werden? Der Hase und insbesondere der Angsthase zeigt ja, dass er ängstlich immer nach rechts und links schnuppert und aufpasst, dass ihm möglichst nichts passiert.

Der Übervorsichtige wird von seinem sozialen Umfeld als solcher bezeichnet, er will aber nicht unbedingt so genannt werden.

In Freundeskreisen kommt dann schon einmal die Situation auf, dass der als Angsthase bezeichnete etwas tut, was er sonst nicht täte. Er will ja nun mal nicht als Feigling dastehen.

Übrigens gibt es auch die Angsthäsin – Gleichberechtigung soll sein!

Vorsichtig und abgesichert vorzugehen, hat sicher seine Berechtigung. Auf der anderen Seite schadet ein bisschen mehr Mut auch nicht unbedingt.

Vom Hasenfuß zum Taugenichts

Synonyme für den Angsthasen sind auch Bezeichnungen wie Drückeberger, Feigling, Hasenfuß, Memme, Duckmäuser, Hosenscheißer, Schisser und noch viele andere mehr.

Aus dem Begriff Angsthase wird irgendwann einmal ein Versager wie Schwächling, Null, Pfeife, Taugenichts, Flasche und andere.

Ängstlich – mutig – feige?

Wie heißt das Gegenwort zu ängstlich? Unängstlich? Mutig? Oder wäre als Gegenwort zu mutig nicht eher feige zu nennen? Was meinen Sie zu beherzt, couragiert, forsch, tapfer oder kühn?

Lieber wird einmal betrachtet, was unter ‚ängstlich' zu verstehen ist. Welches vergleichbare Wort gibt es hier?

Www.wissen.de bietet Synonyme: furchtsam, scheu, unsicher, angstvoll, bang, bänglich, schreckhaft, verängstigt, angsterfüllt, verschreckt, angstverzerrt, schüchtern, beklommen, einge-schüchtert, zaghaft, aufgeregt, sorgenvoll, besorgt, unruhig, nervös.

Aber auch sorgsam, gewissenhaft, sorgfältig, übertrieben genau, vorsichtig, penibel, akkurat.

Und in der letzten Kategorie: feige, mutlos, schwachherzig, zitt-rig, hasenfüßig, schlottrig.

Da sind ja eine ganze Menge Begriffe dabei, die auf viele Men-schen zutreffen.

Das lässt darauf schließen, dass es zahlreiche Varianten der Ängstlichkeit gibt. Und es ist anzunehmen, dass viele Menschen mit ihrer Ängstlichkeit konfrontiert werden.

Angstzustände

Wer häufiger unter mehreren der folgenden Symptomen leidet, sollte überlegen, ob diese durch Angst oder Ängstlichkeit zu begründen sind.

Wenn ja, ist es doch auf Dauer sinnvoller, Ängste abzubauen.

Angstsymptome

Mögliche Anzeichen können auf Angstsymptome hinweisen.

- Ich werde schnell müde.

- Ich leide unter Schlafstörungen.

- Ich habe Schwierigkeiten einzuschlafen.

- Ich merke verstärkt eine gewisse gesteigerte Schreckhaftigkeit.

- Ich habe manchmal unangenehme Verkrampfungen der Muskeln.

- Ich bemerke unnütze Muskelspannungen und damit verbundene Schmerzen.

- Ich stelle immer mal wieder nicht erklärbares Zucken oder Zittern von Körperteilen fest.

- Ich registriere hin und wieder Schwindelgefühle oder leichte Benommenheit.

- Ich spüre beschleunigten Herzschlag oder immer wieder auftretendes Herzklopfen.

- Ich empfinde das Gefühl der übermäßigen Anspannung.

- Ich neige zu häufiger Übelkeit.

- Ich spüre immer mal wieder den sogenannten Frosch im Hals und oder habe Schluckbeschwerden.

- Ich bemerke eine gesteigerte Reizbarkeit.

- Ich spüre Konzentrationsstörungen.

Natürlich können die Symptome ganz andere Ursachen haben.

Trotzdem schadet es wohl nicht, sie im Zusammenhang mit möglichen Angstzuständen zu beleuchten.

Generell mag es sinnvoll sein, seine eigenen Körperreaktionen zu beobachten. Manche Symptome mögen ganz harmlos sein, andere können gegebenenfalls wertvolle Hinweise geben.

Teil 4 – Die eigene Angst beherrschen

Die Angst beherrschen

Umgang mit der Furcht und der Angst

„Ein wirksames Heilmittel gegen Angst ist Milde."
Lucius Annaeus Seneca, röm. Rhetor
(ca. 4 v. Chr. - 65 n. Chr.)

Die Angst beherrscht nicht den Menschen – der Mensch beherrscht die Angst

Im ersten Teil dieses Buches wurde festgehalten: Angst gehört zum Leben.

Der Punkt ist der, dass die Angst dem Menschen nicht das Zepter aus der Hand nimmt und über ihn herrscht. Oder anders ausgedrückt: Die Angst darf nicht den Menschen beherrschen, sondern der Mensch beherrscht die Angst.

Das scheint leicht daher gesagt, sind doch weiter oben einige Angst- und Phobiezustände erläutert worden.

Wer immer vor etwas Angst hat, muss sich im ersten Augenblick noch gar keine Gedanken machen. Denn diese Angst kann – wie beschrieben – helfen, einer Gefahr zu entkommen.

Wer häufiger Angst verspürt, möglicherweise sogar immer aufgrund desselben Auslösers, sollte sich Gedanken über das weitere Vorgehen machen.

Es ist schade, wenn sich jemand sein Leben vermiesen lässt, nur, weil immer wieder die Angst die eigene Entscheidung übernimmt. Das Leben ist kurz und lebenswert.

Wohlbefinden

Überlassen Sie nicht anderen (hier der Angst) Ihr Wohlbefinden. Wehren Sie sich gegen deren Einfluss und schaffen Sie sich ein möglichst angstfreies Dasein.

Denken Sie optimistisch und sehen Sie vermehrt das Gute und Schöne im Leben. Finden Sie das Wohlwollende und das für Sie Nutzvolle.

Werden Sie in dieser Hinsicht aktiv. So können Sie Unbekanntes und Wertvolles entdecken und Ihrem Dasein (wieder) ein farbenfrohes Bild vermittelten.

Zu diesem Gedanken passt gut die Aussage von Lucius Annaeus Seneca (römischer Philosoph, ca. 4 – 65 n. Chr.), der gesagt hat:

„Nicht weil es schwierig ist, wagen wir es nicht, sondern weil wir es nicht wagen, ist es schwierig."

In diesem Sinne – packen Sie es an! Stellen Sie Wohlbefinden her! Wagen Sie es!

Vermeiden von Blackouts

Ein plötzlich auftretender Verlust des Erinnerungsvermögens – so oder ähnlich könnte ein Blackout beschrieben werden. Der Betroffene hat (vorübergehend) keinen Zugriff mehr auf Gespeichertes.

Den gesamten Informationsfluss im Gehirn regeln die Synapsen; deren vernünftige Arbeit ist bei Stress gestört.

Mit dem Anstieg des Stresshormons Adrenalin werden die Synapsen gehemmt. Impulse werden nicht mehr oder nur noch bedingt weitergeleitet.

Der Betroffene gerät immer mehr in Panik, da er spürt, dass das Gedächtnis nicht so arbeitet, wie es sollte. Unter Umständen bricht er zusammen.

Es wird von einem ‚Blackout' gesprochen. Solch eine Situation ist äußerst unangenehm und erzeugt große Unsicherheit. Der Körper hat mithilfe des Blackouts eine deutliche Warnung geschickt.

Deshalb gilt es, stressfreies Arbeiten und entspanntes Arbeiten anzustreben – und zwar ab sofort.

Verstärken Sie die Selbstsicherheit und das Selbstwertgefühl. Stoppen Sie negative Gedanken – denken Sie positiv!

Weg mit Angst machenden Überlegungen, dass Schöne muss in den Vordergrund. Schütteln Sie den Stress ab.

Kampf oder Flucht

„Wer nicht täglich seine Furcht überwindet,
hat die Lektion des Lebens nicht gelernt."
Ralph Waldo Emerson, US-amer. Philosoph
(1803 - 1882)

Wie geht der Körper mit der Angst um?

Die Gefahr ist erkannt, die Angst ist eingetreten. Der Mensch muss nun in kürzester Zeit entscheiden, wie er vorgehen will. Will er sich der Gefahr stellen und kämpfen, oder will er der Situation ausweichen und fliehen?

Johann Christoph Friedrich von Schiller (1759 – 1805) meinte:

„Die Angst beflügelt den eilenden Fuß."

Noch während der Mensch überlegt, bereitet der Körper, – ohne direkten Einfluss des Menschen – ihn darauf vor, kämpfen oder fliehen zu können.

Gefahren-Alarm oder Fehlalarm?

Das Risiko des Nichthandelns ist bei konkreter Gefahr unverhältnismäßig groß. Im schlimmsten Falle kann es den eigenen Tod bedeuten.

Das ist der Grund, weshalb ein Mensch sehr schnell und sehr intensiv auf mögliche Gefahren reagieren kann beziehungsweise sogar muss.

So könnte gesagt werden, dass die Hemmschwelle aktiv zu werden sehr niedrig eingestellt ist.

Konkret bedeutet das auch, dass ein Mensch manchmal eine Gefahr sieht, wo möglicherweise gar keine ist.

Das ist aber nicht so schlimm, da die Vorbereitung des Körpers auf den Kampf oder die Flucht nur überschaubare Energie verbraucht.

Anders ausgedrückt, lieber den Körper einmal mehr in Alarmsituation gebracht als einmal zu wenig.

Angstschweiß und rote Flecken

Dabei geschieht im Körper Folgendes:

1. Die Aufmerksamkeit wird erhöht, speziell die Sehnerven und Hörnerven reagieren sensibler.
    Sie checken sozusagen, wie real die Gefahr ist. Dabei weiten sich auch die Pupillen, um mehr sehen zu können.
2. Adrenalin wird verstärkt ausgeschüttet.
3. Das Herz schlägt schneller. Der Blutdruck steigt.
    Dadurch zeigt das Gesicht rote Flecken oder färbt sich komplett rot.
4. Der Blutkreislauf wird beschleunigt, die Blutgefäße verändern sich.
5. Blut wird aus der Haut abgezogen, weshalb die Person blass werden kann.
    Dieses Blut gelangt schneller ins Gehirn, um somit schneller denken und handeln zu können.
6. Die Grundspannung in den Muskeln wird erhöht, um die Flucht oder den Kampf zu ermöglichen.
    Durch die Erhöhung der Spannung kann ein Zittern entstehen.
    Die erhöhte Muskelspannung steigert gleichzeitig die mögliche Reaktionsgeschwindigkeit.

7. Die Atemfrequenz steigt. Deshalb ist es denkbar, dass die oben erwähnte Hyperventilation eintritt.

8. Der Darm und die Harnblase steigern zwar im Vorfeld der Gefahr den Drang zur Entleerung, in der tatsächlich aufgetretenen stressigen Gefahrensituation allerdings nicht mehr.

   Die Verdauung wird sogar gehemmt.

   Somit ist der Körper auf die bevorstehende Aktion gut vorbereitet und wird nicht durch Harndrang abgelenkt.

9. Die Speichelproduktion wird reduziert, wodurch der Mund trocken werden kann.

10. Dafür wird Schweiß (sogenannter Angstschweiß) produziert, der im Falle der Flucht den sich aufheizenden Körper besser abkühlen kann.

    Andererseits können Menschen im unmittelbaren Umkreis durch die Absonderung der Moleküle im Schweiß die Angst förmlich riechen.

    Sie werden somit auch vorbereitet auf eine mögliche Gefahr.

11. Das generelle Schmerzempfinden wird geschwächt, damit im Falle einer Verletzung kein Aufmerksamkeits-Ausfall eintritt.

12. Zu alledem tritt eine Sex-Schwäche ein.

    Der Mensch hat jetzt anderes zu tun, als sexuell aktiv zu werden.

13. Und schließlich ändert der Mensch seine körperliche Haltung.

    Er versetzt seinen Körper in die Bereitschaft kämpfen oder fliehen zu können.

Sein Gesichts-Ausdruck zeigt deutlich die Spannung, die die drohende Gefahr auslöst.

Auch das gesprochene Wort, genau die Art und Weise wie geredet wird, zeigt, dass der Mensch sich im Alarmzustand befindet.

Auch hierdurch wird das unmittelbare soziale Umfeld des Betreffenden automatisch informiert, dass Gefahr besteht.

Es ist gut zu erkennen, wie sich der Körper – ohne aktives Handeln des Menschen – auf eine Gefahrensituation vorbereitet und einstellt.

Der Körper ist nun gewappnet gegen das Eintreten der möglichen Gefahr.

Das körperliche Erscheinungsbild

Die Augen werden weit aufgerissen, das Weiße um die Pupillen ist auch auf Abstand deutlich erkennbar.

Die Mundwinkel sind weit gespreizt, der Mund ist aufgerissen – oder es wird eine Hand schützend vor den Mund gelegt, damit ein möglicher Angreifer kein Geräusch wie Schreien oder Stöhnen hört.

Die Augenbrauen sind weit nach oben gezogen.

Versteckt sich der Betreffende vor dem Feind, ist seine Körperhaltung geduckt, der Kopf eingezogen, der Rücken gebeugt.

Angstverhalten

Im Laufe seines Lebens hat der Mensch verschiedene Strategien entwickelt, wie er sich bei Auftreten von Furcht oder Angst verhalten soll. Ganz grob lässt sich bereits sagen, dass der Mensch immer wieder in eine Flucht- oder Kampfbereitschaft verfällt.

Im Laufe seines Lebens wird er immer sensibler entscheiden können, da ihm die Erfahrungen über seine Entscheidung helfen, wie er in der Zukunft sinnvoll umgehen kann.

Siegbert Arno Warwitz unterscheidet in diesem Zusammenhang acht typische Einstellungstendenzen, die hier aufgelistet werden, auf die teilweise später im Text genauer eingegangen wird.

1. Vermeidungsverhalten. Es wird versucht, den furchtauslösenden Menschen oder Situationen auszuweichen.
    „Ich bin dann mal weg.“
    „Nur nicht hinschauen.“

2. Bagatellisierungsverhalten. Das Angstgefühl wird heruntergespielt.
    „Ist ja nicht so schlimm.“
    „Immer mit der Ruhe.“

3. Verdrängungsverhalten. Die angstauslösende Situation wird verdrängt.
    Es wird so getan, als würde die Situation nicht betroffen machen.
    „Es betrifft mich nicht.“
    „Ich habe damit nichts zu tun.“

4. Leugnungsverhalten. Die beängstigende Situation wird ignoriert.
    „Ist gar nichts passiert.“
    „Stimmt so nicht.“

5. Übertreibungsverhalten. Um die Gefahr möglichst nicht an sich herankommen zu lassen, sichert sich der Mensch, soweit es geht, ab. Er baut ein System der Sicherung auf.

   „Wollen wir mal nicht übertreiben."

   „Ich brauche eine neue Versicherung."

6. Generalisierungsverhalten. Das entstandene Angstgefühl wird als üblich, als normal bezeichnet.

   Es wird so getan, als gäbe es gar keinen Grund Angst zu haben.

   „Das ist ganz normal."

   „Kein Grund zur Sorge."

7. Bewältigungsverhalten. Hier wird versucht, mit der Angst rational umzugehen und sie damit zu bewältigen.

   „Wir könnten so vorgehen ..."

   „Ich werde zuerst ..."

8. Heroisierungsverhalten. Hier wird die Angst angenommen und als Herausforderung gesehen.

   Der Betreffende ist stolz darauf, die Angst bewältigen zu können.

   „Ich mach das jetzt."

   „Komm, lass uns das anpacken."

Schreck

„Wer Medusa anblickt, muss zu Stein erstarren."

Medusa, eine Gorgone (das ist eine geflügelte Schreckgestalt bei den ‚alten' Griechen) wird als Ungeheuer mit Schlangenhaaren dargestellt.

Es ist also sehr ratsam, den Blickkontakt mit dieser Schreckgestalt zu vermeiden.

Im Mittelhochdeutschen finden sich die Wörter ‚schric' für ‚Sprung' oder ‚Riss', sowie ‚schrecke' für ‚Hüpfer' oder ‚Springer'.

Wird jemand unerwartet mit einer Wahrnehmung konfrontiert, die bedrohlich oder gefährlich wirkt, löst das eine starke Emotion – eben den Schreck – in ihm aus.

Dieser Schreck lässt den Betreffenden sozusagen innerlich (hoch-)springen und dann fast erstarren. Die Person ist entsetzt, erschüttert oder bestürzt.

Ein Schreck löst das Stresshormon Adrenalin aus, damit der Körper in eine gestärkte Abwehrhaltung gerät. Meist ist nach einigen Augenblicken der Schreck überwunden – der Schreck lässt nach.

Manche Personen erschrecken leichter als andere. Sie werden als schreckhaft bezeichnet.

In anderen Fällen wird Angst und Schrecken bewusst verbreitet, im sogenannten Schreckensregime. Das ist ein Terrorregime, das die Bevölkerung bewusst unterdrückt.

Schrecklich

Der Schreck versteckt sich auch im Wort ‚schrecklich'. Das Wahrgenommene wird als Schreck auslösend, als schrecklich, bezeichnet. Tatsächlich löst die Wahrnehmung nicht zwangsläufig einen Schrecken aus, wird aber so formuliert:

„Das Kleid sieht schrecklich aus."

„Du siehst aus wie ein Schreckgespenst", meint der Ehemann zu seiner Frau, als sie sich zum Ausgehen fertigmacht.

Dass die Ehefrau auf dieses sehr zweifelhafte Kompliment unwirsch reagiert, ist nachvollziehbar.

Ein Schreckgespenst ist eine Person, die bei ihrer Erscheinung Schrecken hervorruft. Im übertragenen Sinn wird ein Schreckensbild beschrieben. Hier soll allein die Vorstellung bereits das Unwohlsein hervorrufen.

Kein Wunder, wenn daraufhin jemand schreckensbleich wird.

Hier und dort wird auch mal ein ‚Schreckschuss' losgelassen, um zum Beispiel jemanden aus seiner Lethargie (seiner Trägheit) herauszureißen.

Signalwaffen werden als Schreckschusswaffen bezeichnet.

Weiterhin gibt es auf vielen Jahrmärkten eine Geisterbahn. Die Fahrgäste sollen/wollen bewusst auf der Fahrt erschreckt werden.

Manche kommen mit dem Schrecken davon. Es hätte schlimmer kommen können.

Die deutsche Sprache weist viele Formulierungen auf, in denen der Schreck vorkommt.

„Ach, du Schreck!"

„Vor Schreck wäre ich fast tot umgefallen."

„Du hast mir ein Schreck eingejagt."

„Schreck lass nach!"

„Nach dem ersten Schreck musste ich mich erst einmal hinsetzen und beruhigen."

„Er ist vor Schreck erstarrt, als er die Verwüstung sah."

„Ihm fuhr der Schreck in die Knochen."

„Schreck am Morgen!"

„Er bekommt einen Schreck."

„Jemandem jagt es einen Schreckensschauer über den Rücken."

„Lass uns auf den Schreck einen trinken."

Wird dem Wort ‚schrecken' die Vorsilbe ‚ab' vorangestellt, ergeben sich solcherart Formulierungen:

„Die gekochten Eier werden abgeschreckt."

„Der Ferienbericht hat ihn abgeschreckt, dorthin in Urlaub zu fahren."

„Die Fotos auf den Zigarettenpackungen dienen der Abschreckung."

Die Mehrzahlform von Schreck ist übrigens Schrecke, kommt aber selten als Mehrzahl vor.

Lampenfieber

„Morgen ist mein großer Auftritt. Ich soll vor meinen Kollegen und Vorgesetzten eine Präsentation halten."

Ina Mertens ist gut vorbereitet. Trotzdem fühlt sie ein Grummeln in der Magengegend. Es ist keine Angst, aber viel fehlt nicht, das Gefühl als solches zu bezeichnen. Ina Mertens hat Lampenfieber.

Heute wird Lampenfieber mit dem Wort Nervosität fast gleichgesetzt. Nervosität bedeutet ungefähr das Gegenteil von Ruhe oder Ausgeglichenheit.

Geht die innere Ruhe verloren, verändert sich die Gemütsverfassung. Der Mensch wird nervös. Die Nervosität, die sich schon mehrere Tage vor einem Auftritt, einer Prüfung oder einer Präsentation aufbaut, ebbt nach dem Ende der Aktion wieder ab.

Obwohl Lampenfieber und Nervosität fast gleichgesetzt werden können, lässt sich doch ein gewisser Unterschied erkennen. Nervosität ist dauerhafter als Lampenfieber.

Lampenfieder baut sich vor einer Aktion auf und ebbt nach Beginn der Aktion relativ schnell wieder ab.

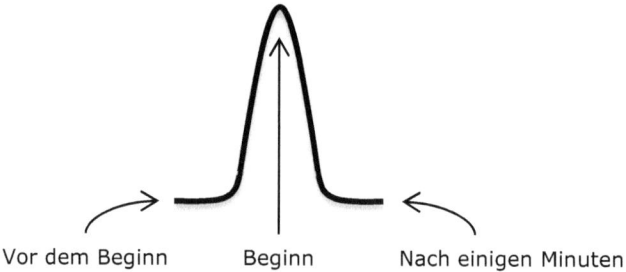

Vor dem Beginn   Beginn   Nach einigen Minuten

Totstellreflex

Noch zu erwähnen bleibt der sogenannte Totstellreflex.

Als Schutz verfällt der Mensch in eine Art Schreckstarre. Das ist ein Zustand völliger Bewegungsunfähigkeit, die bei vielen Tieren in Gefahr auslösenden Situationen beobachtet werden kann.

Psychologisch betrachtet stellt dieser Reflex die Form eines Täuschungsverhaltens her, das das angreifende Tier irritiert und von seiner Beute Abstand nehmen lässt.

Alle Aktionen werden eingestellt/gestoppt. So, als wäre das Tier beziehungsweise der Mensch schlagartig ‚eingefroren‘.

Gefühle werden nicht mehr wahrgenommen.

Bei Menschen wird hier auch von einer Schrecksekunde gesprochen. Das ist die Zeit, die der Mensch braucht, um nach wahrgenommenem Schreck wieder agieren zu können.

Einige Menschen äußern:

„Ich will das gar nicht wissen." Oder:

„Ich kann das alles gar nicht mehr hören."

Mit solchen Aussagen wählen sie den Weg des Totstellreflexes.

Absichtlicher Angstaufbau

Angst kann dann abgebaut werden, nachdem sie vorher aufgebaut, (entstanden) ist. Gemeint ist die Angst, die andere bei einer Person aufbauen.

Weiter oben gab es bereits einen Hinweis zu populistisch arbeitenden Politikern, die Ängste aufbauen.

Aber nicht nur diese sind teilweise Genies in dieser vermeintlichen Technik.

„Oh, oh ...“

Einige Ärzte, Handwerker, Trainer arbeiten gerne mit dieser raffinierten Vorgehensweise.

Bestellen Sie einen Handwerker, der eine Leistungsschwäche Ihrer Heizung überprüfen soll, kann es passieren, dass Sie an einen Fachmann geraten, der nun seine Stirn in tiefe Furchen drückt, zweifelnd seinen Kopf hin und her wiegt und so leise beziehungsweise laut murmelt, dass Sie es gerade noch hören können:

„Oh, oh.“

„Ui, ui.“

Sofort werden sie unruhig und eine undefinierbare Angst bemächtigt sich Ihrer. Gleich werden Sie hören, dass hier ein echtes, ein schwerwiegendes Problem vorliegt und es für diese uralte Heizung keine Ersatzteile mehr gibt.

Leise rechnen Sie im Kopf schon zusammen, welche ungeheuren Kosten auf Sie zukommen können.

Der geschickte Handwerker hat selbstverständlich einen Lösungsvorschlag bereit.

„Das Einzige, was ich versuchen könnte, wäre ...".

Ein Schimmer der Hoffnung schleicht sich in Ihre Gedankenwelt. Auch wenn der Vorschlag des Handwerkers endet mit „... aber billig wird das nicht", sind Sie schon zufrieden.

Eine Lösung ist in greifbare Nähe gerutscht, die Kosten spielen in diesem Falle nur eine untergeordnete Rolle. Die Angst ist Ihnen genommen. Insgeheim bewundern Sie möglicherweise sogar den pfiffigen Handwerker.

Lassen Sie sich nichts vormachen!

So gilt als gut gemeinter Ratschlag, dass Sie sich nichts vormachen lassen sollen. Lassen Sie es nicht zu, dass Ihnen ein (vermeintlicher) Fachmann die Angst erst dort einpflanzt, wo vorher gar nichts war.

Wer sich in solch einen angstvollen Zustand bringen lässt, greift nach jedem Strohhalm, um der Angst durch das Finden einer Lösung zu entgehen.

Sinnvollerweise sollten Sie einen zweiten Rat bei einem anderen Fachmann einholen, bevor Sie eine Entscheidung treffen.

Das gilt nicht nur für Handwerker, sondern auch für Ärzte.

Vom Glauben über Angst zur Sicherheit

Im Band 1 dieser Buchreihe zum Thema Aberglaube(n) wird dargestellt, wie sich die Angst mit Hilfe von Glaube beziehungsweise Aberglaube bewältigen lässt.

Hier ein Auszug einer fiktiven Gruppe menschlicher Ur-Ur-Vorfahren:

„Amres sitzt mit seiner Frau, seinen neun Kindern, der Mutter sowie einigen Familienmitgliedern eng aneinandergedrängt.

Seit Stunden regnet es sintflutartig, es blitzt heftig und donnert gewaltig. Einige der kleineren Kinder weinen leise vor sich hin, seine Frau zittert heftig am ganzen Leibe.

Bei ganz lautem Donnern schreien einige der Gruppe angstvoll auf.

Woher kommt nur der Blitz und der so angsteinflößende Donnerschlag?

Wer war böse auf Amres und seine Familie?

Es musste irgendjemanden geben, der ungehalten war. Böse mit Amres und mit seiner Familie. Was hatten sie getan?

In Gedanken ging Amres die letzten Tage durch. Ihm fiel nichts ein. Oder hatte er vielleicht zu viele Fische gefangen? War er vorgestern zu spät zur Jagd aufgestanden?

Amres nahm sich vor – sollte das Gewitter jemals aufhören – jenem, der so böse reagierte, einen besonders großen Fisch gut zuzubereiten und diesen dann zum Dank in das nahe vorbeifließende Gewässer zu werfen.

Glaube

Der Glaube war geboren. Der Glaube an eine höhere Macht. Der Glaube half, Unerklärbares zu verstehen und damit beruhigt weiterleben zu können.

Es war ja ‚logisch‘, dass irgendjemand hinter den extremen Wetterausbrüchen stehen musste.

Und dieser Jemand musste unglaublich stark sein, konnte er doch deutlich die menschlichen Fähigkeiten übertrumpfen. Es musste also eine höhere Macht geben.

Der Glaube half und hilft über Jahrtausende hinweg bis heute, vieles im Leben zu akzeptieren, was mit der eigenen mentalen Intelligenz nicht erklärbar war oder ist.

So entwickelten sich Glaubensrichtungen in allen Kulturen, die mehr oder minder für die jeweilige Gesellschaft gültig waren.

Die Religion und damit die Kirche gewannen eine relativ große Macht und einen beachtlichen Einfluss bei der Bevölkerung.

Nun gab es allerdings auch Personen, die von den allgemeinen Glaubenslehren abweichen und an die Wirkung magischer, übernatürlicher Kräfte in Menschen oder Dingen glauben.

Gewissermaßen praktizierten sie schließlich einen gegensätzlichen Glauben.

Aberglaube

Spätestens von jetzt an lässt sich von Aberglaube sprechen. … und ihn schnell als heidnisch zu betrachten. In den Augen des Klerus galt dieser als ketzerisch. … Weshalb wurde denn überhaupt Aberglaube praktiziert?

Das gesellschaftliche System wurde durch die politischen und religiösen Verantwortlichen geregelt.

Durch abergläubisches Handeln konnte (vermeintlich) darüberhinausgehenden, drohenden Gefahren aus dem Weg gegangen werden.

So war es möglich, natürlich im Sinne des Aberglaubens, Unglück abzuwenden oder Glück herbeizuführen.

Es baute sich eine Welt auf von Göttern, Engeln, guten und bösen Geistern, vom Klabautermann, vom Wahrsager und Menschen mit dem Bösen Blick, Hexen und schließlich gar von Luzifer, dem Teufel.

Der Glaube und der Aberglaube erzeugen Sicherheit

Damit hatte es der Glaube beziehungsweise der Aberglaube geschafft, den Menschen eine gewisse Sicherheit zu geben.

Mit den Ängsten kann nun umgegangen werden. Kritiker mögen anmerken, dass sich der Mensch hinter dem Glauben versteckt, um seine Ängste in den Griff zu bekommen. Das mag so sein.

Die Mehrheit der Menschen auf dieser Welt haben allerdings diesen Weg gefunden, um einigermaßen angstfrei leben zu können.

Das 4-Schritte-Modell als Strategie zum Angst- und Furchtabbau

Wer es schafft, unnötige Ängste abzubauen, kann lockerer und freier durchs Leben schreiten. Klar ist, dass es nicht sein kann, dass es absolut keine Ängste mehr geben kann.

Sondern: Die Ängste, die übertrieben auf das Leben einwirken sollen minimiert werden.

Erinnern Sie sich an die Geschichte von Tom und Nico (weiter oben), die eine Höhle erkunden wollten? Dort wird beispielhaft gezeigt, wie die Angst zur Furcht formuliert wird, um sie ‚greifbar‘ zu machen.

Um Angst in den Griff zu bekommen beziehungsweise Furcht abzubauen, können Sie die folgenden vier Schritte durchlaufen.

Die Vorgehensweise wird hier als 4-Schritte-Modell zum Angstabbau bezeichnet.

1. Schritt Ist-Zustand

Zuerst ist einmal eine Art Bestandsaufnahme zu machen:

„Wovor habe ich Angst?"

„Was löst konkrete Furcht bei mir aus?"

„In welchen Situationen zeige ich mich ängstlich?"

Durch diese Bestandsaufnahme wird sich jemand über seine Angstzustände bewusst. Erst durch das Schaffen dieses Bewusstseins kann an den Ängsten gearbeitet werden.

Deshalb darf sich für diesen ersten Schritt auch genügend Zeit genommen werden, um sich im Klaren darüber zu werden, was gegebenenfalls geändert werden soll.

2. Schritt Soll-Zustand

Es wird überlegt, wie der zukünftige Zustand sein soll. Die allgemein gehaltene Aussage:

„Ich habe keine Angst mehr", ist Unsinn.

Bei der Aussage muss konkreter vorgegangen werden.

Es gilt zu überlegen, wie jemand in Zukunft (möglichst angstfrei) leben will. Je mehr Gedanken sich einer hierüber macht, umso klarer wird der Unterschied zwischen Ist-Zustand und Soll-Zustand.

3. Schritt Konkretisieren

Zugrunde gelegt ist, dass die Angst im Gegensatz zur konkreten Furcht unbestimmt ist.

Sagt jemand:

„Ich habe Angst vor der Zukunft", ist ihm schwer bis unmöglich zu helfen.

Also muss klarwerden, wovor <u>konkret</u> der Mensch Angst hat.

Eine konkret benannte Angst nach Definition wird sich zur Furcht wandeln.

Jetzt sind greifbare Situationen gegeben, die benannt werden können. Es ist klar, was die Furcht genau auslöst.

Je klarer der Auslöser der Furcht, desto besser kann daran gearbeitet beziehungsweise der Auslöser minimiert werden.

Sagt jemand:

„Ich habe Furcht vor der Fahrprüfung", ist ziemlich greifbar geworden, was die Furcht auslöst.

Hier könnte noch ein Schritt weitergegangen werden, um zu erkennen, ob es sich bei der Fahrprüfung um die theoretische oder praktische Prüfung handelt.

4. Schritt Konfrontation

Nachdem nun klargeworden ist, was die Furcht auslöst, kann mit dieser Furcht umgegangen werden.

Und zwar deshalb, weil sie ‚greifbar' wurde.

Hierzu gibt es verschiedene Wege. Beispielsweise wird sich der konkreten furchtauslösenden Situation gut vorbereitet gestellt.

Schrittweise kann dafür gesorgt werden, dass der Betroffene nach und nach seine Furcht vor dem bisherigen Auslöser abbaut.

Ziel erreicht

Wer es schafft, in dieser Art vorzugehen, wird ein angstfreies (oder angstfreieres) Leben führen können.

Betrifft es Sie, sprechen Sie mit anderen und tauschen sich aus. Manchmal sind kleine Tipps bereits sehr hilfreich.

Ist aus Ihrer Sicht die furchtauslösende Situation eine ‚größere Sache', suchen Sie sich vertrauensvolle professionelle Unterstützung.

Im Idealfalle werden Sie sich wundern, wie Sie nach der Bewältigung einer furchtauslösenden Situation frei aufatmen und positiv in die Zukunft schauen können.

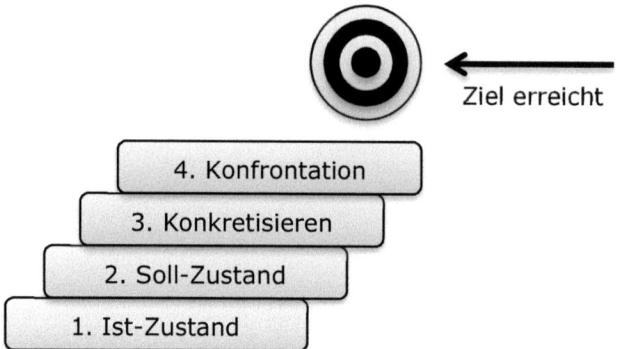

Ängste helfen zu überleben

Die Angst entsteht also vor einer stressigen Situation. Je weniger konkret die Situation ist, desto höher ist die Angst. Hier fehlt die Sicherheit, mit der unbekannten Situation umzugehen.

Angst macht aufmerksam, sie ist ein Warnsignal. Also ist Angst ein Schutz. Menschen, die keinerlei Angst verspüren, riskieren einen früheren Tod.

Die Gruppe hilft, Angst zu überwinden

Um Angst zu minimieren, braucht es Sicherheit beziehungsweise Schutz. Danach werden Gleichgesinnte gesucht und die Angst geteilt.

„Von welchem Gate hebt das Flugzeug ab nach …?"

Beispielsweise sitzen Sie in einem U-Bahn-Waggon mit vielen anderen Fahrgästen zusammen. Jeder ist in seine eigenen Gedanken oder Aktionen vertieft.

Der Zug fährt in einen Tunnel ein. Plötzlich bleibt er mitten im Untergrund stecken. Nichts geht mehr.

Die Fahrgäste schauen sich ratlos einander an. Das ist der Augenblick, in dem das Individuum seine Umgebung absichert, um zu checken, ob andere Menschen da sind, die dasselbe erleben und vor allem, die im Falle der drohenden Gefahr zusammen eine stärkere Gruppe bilden können.

Die Gemeinschaft einer Gruppe erzeugt Stärke und Sicherheit, sodass die Angst leichter überwunden wird.

In solchen Situationen beginnen Menschen mit dem bisher unbekannten Sitznachbarn einen Smalltalk.

Dieser Austausch dient unter anderem dazu, sich gegenseitig ein wenig mehr kennenzulernen.

Menschen, die einander kennen, zeigen eine höhere Bereitschaft zu helfen. Dadurch wird die Angst minimiert.

Ängste minimieren

> *„Denn wer begehrt, der fürchtet auch.*
> *Und wer in Furcht lebt, ist für mich nicht frei."*
> **Horaz (eigentlich Quintus Horatius Flaccus), röm. Dichter**
> **(65 - 8 v.Chr.)**

„Ich stelle mich der Angst"

Aussagen wie:

„Du brauchst keine Angst zu haben" helfen dem ängstlichen Menschen in der Regel nicht.

Das Angstgefühl bleibt trotzdem bestehen. Also muss anders vorgegangen werden.

Weiter oben wurden Maßnahmen des Angstabbaus aufgelistet. Jetzt wird davon ausgegangen, dass die Strategie zu Ende gedacht wurde und es klar ist, um welche Furcht es sich handelt, die abgebaut werden soll.

Im Folgenden sind einige Möglichkeiten dargestellt, wie Ängste abgebaut werden können.

Dabei wird teilweise auch beleuchtet, welche Risiken bei dieser Vorgehensweise entstehen können.

Furchteinflößende Situationen vermeiden

Das klingt erst einmal ganz einfach. Wer sich einer Gefahr nicht aussetzt, dem geschieht auch nichts. Der Spruch drückt aus:

„Wer sich in Gefahr begibt, kommt darin um."

Ha, dem wurde nun ein Schnäppchen geschlagen.

Wo es keine Gefahr gibt, kann auch keine Angst auftreten – und dann kann auch nichts geschehen.

Also ist diese Vorgehensweise scheinbar sehr einfach.

Tatsächlich lauern aber überall auf der Welt Gefahren, die ein Einzelner nicht beeinflussen kann. Allein schon dann, wenn er sich in den Straßenverkehr begibt, läuft er Gefahr, angefahren zu werden oder einen Unfall zu verursachen.

Soll die Konsequenz nun allen Ernstes sein, die eigenen vier Wände nicht mehr zu verlassen? Nein, natürlich nicht.

Wer so vorgeht, wird auf die Dauer den gesellschaftlichen Kontakt verlieren und letztlich vereinsamen.

Nicht verstecken!

Schränken Sie diesen Punkt soweit ein, dass gesagt werden kann:

„Da, wo deutliche Gefahren lauern, muss ich mich nicht unbedingt dazwischenquetschen."

Somit sinkt das Risiko, dass hier etwas geschieht. Damit ist gemeint, furchtauslösenden Menschen oder Situationen auszuweichen.

Ängste bagatellisieren

Dass Ängste an vielen Stellen lauern, ist klar. Der Mensch kann auf Dauer nicht mit so vielen Ängsten leben.

Er benötigt eine gewisse innere Ruhe. So findet er die Strategie, angstauslösende Situationen herunterzuspielen.

Die kritischen Situationen werden bagatellisiert. Das Problem wird kleiner gemacht, als es in Wirklichkeit ist oder sein könnte.

„Ach komm, so schlimm ist es doch auch nicht" sagt sich einer.

Durch diese Vorgehensweise wird die Furcht verkleinert. Eventuell verschwindet sie dadurch komplett.

In Relation zu anderen Situationen wird sie nun ziemlich klein – und somit unbedeutend.

Nicht zu unterschätzen ist bei dieser Strategie, dass die erkannte Gefahr vielleicht gar nicht so gering ist, wie angenommen. Dann kann eine Bagatellisierung ausgesprochen gefährlich werden.

Die Gefahr wird nicht richtig erkannt

Es gibt Videoaufnahmen, die filmende Menschen am Strand zeigen, die die herannahende Tsunami-Welle nicht entsprechend einschätzen.

Nur wenige Augenblicke später werden sie von der Wucht dieser Riesenwelle weggeschwemmt und eventuell sogar getötet.

Das Gedächtnis kann die drohende Gefahr nicht richtig einschätzen und/oder analysieren.

Eine fatale Situation für den Menschen.

Angst kleinreden

Ähnlich wie die Angst bagatellisieren ist die Vorgehensweise, sie kleinzureden. Allerdings wird die Angst hier nicht verneint, sondern wohl als solche gesehen; beispielsweise die Flugangst.

Möglicherweise hilft es, die berühmt berüchtigte Statistik herbeizuziehen. Machen Sie sich klar, dass bei soundso vielen Flugbewegungen ‚nur' soundso wenige Flugzeuge abstürzen.

Sie reden sich ihre Angst sozusagen klein. Blenden Sie dabei gedanklich aus, dass Sie genau in dem Flugzeug sitzen könnten, das abstürzt. Das wäre natürlich wirkliches Pech.

Mit der Statistik spielen

Statistische Zahlen eignen sich hervorragend dazu, eine Gefahr ‚herunterzurechnen', je nachdem, welche Angaben miteinander verbunden werden.

Laut statista.de gab es zwischen 1945 und August 2024 in Deutschland 62 Flugzeugunglücke. Im selben Zeitraum in den USA hingegen 870. Ist demnach Fliegen in den USA gefährlicher als in Deutschland? Nein, natürlich nicht, da es dort wesentlich mehr Flugbewegungen als in Deutschland gibt.

Die grundsätzliche Aussage allerdings, dass es in Deutschland weniger Unglücke gab, stimmt. Also ist Fliegen in Deutschland ziemlich gefahrlos, wenn die 62 Flugzeugunglücke auf die gemessene Zeit von 80 Jahren gesehen werden. Da kommt es mal gerade auf 0,77 Unglücke pro Jahr!

Allein in Frankfurt gibt es im Schnitt etwa 1.880 Starts und Landungen pro Tag (2024)! Fliegen scheint doch sicherer zu sein, als zu Fuß zu gehen.

Furcht verdrängen und leugnen

Die Gefahr ist zwar erkannt und löst auch Furcht aus. Zum Beispiel vor einer bösartigen Erkrankung. Die Furcht ist groß, aber die Furcht, gegen die Erkrankung vorzugehen noch größer.

Was liegt näher, als die Furcht zu verdrängen.

„Ich tue einfach so, als wäre die Furcht (und die damit verbundene Gefahr) nicht da."

„Dann wird sie mich ignorieren und die Krankheit wird mich nicht erwischen."

Wäre es doch so einfach …

Vogel-Strauß-Technik

Möglicherweise lässt sich hier die sogenannte Vogel-Strauß-Vorgehensweise erkennen. Den Kopf in den Sand stecken und meinen, damit wäre die Situation nicht mehr präsent.

In verschiedenen Situationen mag das Verdrängen vernünftig erscheinen. Ist die Gefahr greifbar, sollte lieber dagegen vorgegangen werden.

Übertriebenes Absichern

„Damit mich die Gefahr nicht trifft, schütze ich mich vor ihr."

Das klingt zunächst einmal sehr nachvollziehbar und praktisch umsetzbar.

Die Wohnung beziehungsweise das Haus wird alarmgesichert, das Wohngelände eingezäunt, Apps auf allen Smartphones werden installiert, um sogar vom Urlaub aus mitzubekommen, wenn sich Einbrecher nähern.

Sowieso lautet die Maxime, Versicherungen aller Art abschließen, um jeden noch so geringen Eventualfall auszuschließen.

Alle Impfungen, die gerade von den Nachbarn oder Ärzten empfohlen, werden angenommen und zeitnah dem Körper zugeführt.

Der eigene PKW wird aufgerüstet mit jedweder kaufbaren Technik, damit es keine Rempler beim Einparken gibt; bei zu nahem Auffahren wird automatisch abgebremst und viele weitere technische Helferlein.

Die Industrie freut sich außerordentlich über Menschen, die sich 100-prozentig absichern wollen. Die Werbefachleute stimmen in diese Freude mit ein.

Es gibt keine absolute Sicherheit

Vielleicht ist eine gewisse umsichtige Vorsorge gut (und teilweise auch gesetzlich vorgeschrieben). Aber bekannterweise lässt sich nun mal nicht alles absichern.

Leider gibt es keine absolute Sicherheit.

Zwänge

„Zwang tötet.“
Adolph Freiherr Knigge, dt. Aufklärer
(1752 - 1796)

„Ich muss alles kontrollieren!“

Ängste können Zwänge erzeugen. Wer mit dem Absichern übertreibt, der riskiert gegebenenfalls innere Zwänge aufzubauen (zum Beispiel Kontrollzwang).

„Ist der Küchenherd ausgestellt?"

„Sind die Fenster geschlossen?"

Also heißt das: Absicherung ist gut – übertriebenes Absichern kostet unnötig viel Geld, Energie und Zeit. Das Vorgehen kann gegebenenfalls sogar in Zwängen enden.

Beispiele einiger Zwangshandlungen und Zwangsgedanken:

- Ordnungszwang (zum Beispiel die Stifte auf dem Schreibtisch immer in derselben Art und Weise abzulegen)

- Zählzwang (zum Beispiel immer die Fenster an Gebäuden zu zählen)

- Waschzwang oder Reinlichkeitszwang (zum Beispiel ständig – und damit zu oft – die Hände waschen, da die Angst besteht, sich verunreinigt zu haben)

- Berührzwang (zum Beispiel immer gleichartige Gegenstände berühren, wie Straßenpoller)

- Wiederholungszwang (zum Beispiel Wörter immer wiederholen)

- Grübelzwang (zum Beispiel die Überlegung, jemanden im Straßenverkehr anzufahren, ohne es zu bemerken)

- Sammelzwang (zum Beispiel alle Tageszeitungen zu sammeln)

Es gibt Zwänge, die von außen auf die Person einwirken. Die oben beschriebenen Zwänge kommen von innen, also vom Betroffenen selbst.

Es ist außerordentlich schwierig, innere Zwänge abzulegen – die Ängste, die die Zwänge auslösen, überwiegen meist.

Fast allen Betroffenen kann von Fachleuten geholfen werden. Durch einfühlsame Gespräche können die Zwangshandlungen oder Zwangsgedanken behandelt und im Idealfall geheilt werden.

Allerdings muss der Betroffene aktiv werden und den Weg zum Fachpersonal finden. Wer beispielsweise aufgrund des Kontrollzwangs seine Wohnung nicht verlassen kann, gerät in ein großes Dilemma.

Der Angst stellen

„Wer den Alltag meistert, ist ein Held."
Fjodor Michailowitsch Dostojewski, russ. Schriftsteller
(1821 - 1881)

Gefahrensituationen verallgemeinern

„Ja, Gefahren lauern überall. Das weiß jedes Kind. Man muss aber nicht übertreiben!"

Das entstandene Angstgefühl wird als üblich, als normal bezeichnet.

„Ist doch normal, dass Menschen Angst vor Hochwasser haben."

Es wird so getan, als gäbe es gar keinen Grund Angst zu haben, weil sie ja überall zuschlagen könnte. Weshalb denn gerade bei mir?

Immerhin würde die angstauslösende Situation viele andere Menschen auch betreffen; da hier keine Reaktion zu sehen ist, scheint alles nicht so schlimm zu sein.

„Wenn sich alle so ruhig verhalten und keine Vorsorge treffen, dann habe ich das bestimmt auch nicht nötig."

Konformes Verhalten

Bei dieser Generalisierung, Verallgemeinerung, kann auch von gesellschaftskonformem Verhalten gesprochen werden. Das, was viele tun, scheint richtig zu sein. Der Einzelne schließt sich an und fällt damit nicht auf.

Wenn viele nichts tun, dann scheint das auch in Ordnung zu sein.

„Weshalb sollte ich dann meine Nase irgendwo reinstecken?"

„Was die anderen machen, wird schon richtig sein."

So? Anders als die anderen?

Oder doch lieber so?

Sich heldenhaft der Angst stellen

Wo ist die Gefahr?

„Leute, habt keine Angst! Ich kümmere mich darum!"

Stolz schwillt die Brust und der Held rüstet sich für den Kampf gegen die drohende Gefahr.

Diese Menschen fühlen sich regelrecht herausgefordert, Ängsten zu trotzen. Von vielen anderen werden sie bewundert, bringen sie doch den benötigten Mut auf, sich solch einer riskanten Situation auszusetzen.

Der heldenhafte Typ nimmt die Angst an und sieht sie als Herausforderung, ihr zu begegnen. Er ist furchtlos und angstfrei. Der Betreffende ist stolz darauf, die Angst bewältigen zu können. Er stellt sich jeder Situation, ohne einen Augenblick zu zögern.

Neid und Bewunderung

Auch dieses Verhaltensmuster wird bestimmt bei der einen oder anderen Person ein gewisses Neidgefühl auslösen. Allerdings ist es für den ‚Durchschnittsmenschen' ausgesprochen gefährlich, wenn er die Angst nicht als Zeichen drohender Gefahr wahrnehmen will.

Menschen, die keine Angst oder Furcht empfinden, leben eher gefährlich. Die Angst schützt! Ohne Angst fehlt dieser Schutz vor besonnener Voraussicht.

Natürlich ist nichts dagegen einzuwenden, wenn sich jemand gegen Gefährliches stellt – aber trotzdem sollte er abwägen, welches Risiko er selbst dabei eingeht.

Furchtbewältigung

Und nun wurde bei dem Punkt angelangt, der für viele Ängste und für viele furchteinflößende Situationen anwendbar ist, wenn Sie sich auf Dauer einer Angst oder Furcht entledigen wollen.

Es hilft nichts: Stellen Sie sich dem Gefühl der Angst beziehungsweise der Furcht.

Es wurde bereits festgehalten, dass die Angst konkretisiert werden muss, damit sie bewältigt werden kann, damit mit ihr rational umgegangen werden kann.

Deshalb wird im Folgenden hier von Furcht gesprochen.

Entspannung aufbauen

Während Sie über Ihre Furcht nachdenken, setzen Sie sich bequem zurück. Atmen Sie flach und ruhig und versuchen, jegliche Nervosität zu vermeiden.

Setzen Sie Entspannungstechniken ein, um ruhig der Furcht ins Auge blicken zu können.

Wenn Sie ruhig genug sind, dann widmen Sie sich der mentalen Vorbereitung.

Mental vorbereiten

Nachdem Sie die furchtauslösende Situation konkret und damit greifbar gemacht haben, überlegen Sie, was <u>tatsächlich</u> die Furcht auslöst.

Sobald Sie den Auslöser ganz genau benennen können, können Sie sich mental auf die erwartete Situation einstellen.

Angenommen, Sie haben eine Rede oder einen Vortrag zu halten.

Zuerst werden Sie sagen:

„Ich habe Angst vor der Rede."

Da diese Aussage zu diffus ist, beantworten Sie selbst die Frage:

„Was konkret bereitet mir Angst bei der Rede?"

Mögliche Antwort:

„Dass ich den Roten Faden verliere."

Nun haben Sie eine konkrete Situation vor sich: Nämlich die Furcht davor, den Roten Faden zu verlieren und nicht mehr weiterzuwissen.

Die nächste Frage:

„Was wäre so schlimm, würde ich den Roten Faden verlieren?"

„Na, dann würden mich vielleicht die Zuhörer auslachen."

Würden die Zuschauenden das wirklich? Darf ein Mensch nicht mal einen Gedanken ‚verlieren'? Na klar darf er das. Eben schon deswegen, weil er ein Mensch ist. Das ist nun wirklich nicht so schlimm, wie es sich anhören mag, den Faden zu verlieren.

Wie könnte dem vorgebeugt werden?

„Na, zum Beispiel dadurch, dass ich mir ein paar Stichpunkte aufschreibe und die Karte in der Jackentasche lasse."

„Im Fall des Falles hole ich die Karte einfach raus."

Na bitte, da ist ja bereits eine mögliche Lösung gegeben.

Machen Sie sich klar, dass Sie einen Fehler begehen dürfen, wenn hier überhaupt schon von einem Fehler gesprochen werden kann.

Stellen Sie sich die Situation vor, wie Sie bei einem Hänger in der Rede vorgehen wollen und diesen souverän bewältigen.

Je häufiger Ihr Gehirn diese Lösung durchdachte, desto problemloser kann es damit umgehen, sollte die Situation tatsächlich eintreten.

Aber keine Angst (Furcht) – sehr wahrscheinlich bleiben Sie jetzt gar nicht mehr hängen. Sie haben ja die Lösungsmöglichkeiten parat.

Also nicht denken:

„Hoffentlich bleibe ich nicht hängen." Sondern:

„Ich werde eine klasse Rede halten!"

„Ich will und werde!"

Gutes Gelingen.

Körperspannung aufbauen

Nun ist es nur noch ein ganz kleiner Schritt, sich der Furcht mutig entgegenzustellen.

Weiter oben wurde gezeigt, wie der Körper durch seine Körpersprache ausdrückt, dass er ängstlich ist. Eingezogene Schultern, hängender Kopf und so weiter.

Nun verhalten Sie sich genau gegenteilig. Straffen Sie Ihren Körper.

Stehen Sie ganz aufrecht und nehmen den Kopf nach oben, sodass Ihr Blick gezielt ,der Gefahr in die Augen schauen kann'.

Nehmen Sie Ihre Schultern zurück, sodass Ihr Brustkorb automatisch weiter nach vorn gedrückt wird.

Selbstbewusstsein zeigen

Nun stehen Sie selbstbewusst. Wenn Sie wollen, studieren Sie diese Haltung vor einem Wandspiegel ein.

Dort, wo es nötig ist, gehen Sie nun gezielt auf die gefahrauslösende Sache zu. Schreiten Sie mit großen Schritten selbstbewusst nach vorn. Zögern Sie nicht!

Allein schon durch dieses Auftreten wirken Sie viel selbstbewusster und gleichzeitig mutiger.

Oft beeindruckt das einen möglichen ,Gegner' und schüchtert diesen direkt ein. Gutes Gelingen!

Positive Angst

Die Furcht, die Kraft verleiht

Unsicherheit abbauen – Sicherheit aufbauen

Angst ist wichtig, da sie das Überleben garantiert.

Angst ist lästig, da sie das Leben einschränkt.

„Gut, dass ich gewarnt wurde."

„Was ich nicht kenne, bereitet mir Angst."

Unbekanntes bringt viele Menschen in eine aufmerksamere Haltung. Fremdes ist ungewöhnlich; viele wissen nicht damit umzugehen. Die Angst ist nicht greifbar.

Allein aus dieser Überlegung lässt sich ablesen, dass der Mensch Sicherheit benötigt. Konformität, Regeln, Gesetze helfen ihm zu wissen, wie er sich in der Gesellschaft bewegen kann.

Er vermeidet somit das Risiko, sich nichtwissend falsch zu verhalten. Es droht ihm keine Strafe. So kann er angstfrei durchs Leben gehen.

Der Staat gibt durch Reglementierungen Sicherheit für seine Bürgerinnen und Bürger. Es ist als eine elementare Aufgabe zu betrachten, dass der Staat diese wichtige Verpflichtung hat.

Menschen, die angstfrei leben können, können sich weiterentwickeln, Geschäfte abwickeln, Umsatz erzeugen, Steuern zahlen und damit auch wieder dem Staat dienen.

Neues belebt

Läuft hingegen alles immer in seinen üblichen Bahnen, kann das Leben schnell langweilig werden.

„Na, was gibt es Neues?"

„Alles beim Alten."

Damit ein Mensch – oder weitgreifender ausgedrückt die Menschheit – sich weiterentwickeln kann, braucht es Neuerungen.

Die dem Menschen eigene Neugierde hilft dem Kleinkind sich zu entwickeln.

Vergleichbares gilt auch für erwachsene Menschen. Wer Neues mit allen seinen Sinnen aufnimmt, bereichert nicht nur sein Leben, sondern entwickelt es deutlich weiter.

Dilemma erkennen

Nun kann der Mensch allerdings hier in ein kleines Dilemma geraten. Neues entspricht nicht der bisherigen ‚sicheren' Erfahrung. Neues birgt demnach eine gewisse Gefahr.

Das ist genau der Punkt, dass der Mensch gegebenenfalls ängstlich bei neuen Situationen reagiert.

Mutig sein – Eigene Ängste überwinden

Wer wissbegierig und auch ein wenig mutig ist, geht ein – meist geringes – Risiko ein, wenn er sich auf Unbekanntes, auf Neues einlässt.

Erfährt er anschließend, dass ihm das Neue einen Vorteil gebracht hat, erfährt er eine Art Genugtuung.

Je nachdem, worum es sich handelt, empfindet er möglicherweise sogar Stolz. Er kann also stolz auf sich und sein Verhalten sein, das Neue gewagt zu haben.

Dieses Gefühl motiviert den Menschen und verlangt nach Wiederholung.

Die bisherige unterschwellige Angst wird zu einer positiven, zu einer anregenden Angst.

Etwas mulmig kann es manchmal schon sein, ein gewisses Kribbeln im Körper ist zu spüren. Die bisherigen Erfolge haben allerdings gezeigt, dass sie erfolgreich bewältigt wurden und damit den Menschen stärker machen.

Die Vorgehensweise hilft, optimistischer zu werden.

Der positive Thrill – Lust an der Angst

Wenn in der Regel Angst beziehungsweise Furcht als eine unangenehme bis negative Gefühlsempfindungen dargestellt wurde, zeigt sich beim oben beschriebenen Vorgehen, dass die Überwältigung dieser Furcht sogar positive Gefühle auslösen kann.

Aus der Angst soll sich ein lustvolles Gefühl entwickeln? Ja.

Je besser diese Art der Angstbewältigung geschieht, desto mehr positive Rückmeldung erfährt der Betreffende.

Es kann sogar behauptet werden, dass diese anregende Angst als eine Art ‚lustvolle' Erfahrung wahrgenommen wird.

In diesem Zusammenhang soll das Wort Thrill gesetzt werden. Das Wort Thrill kommt aus der englischen Sprache. Übersetzt bedeutet Thrill: Spannung, Nervenkitzel.

Nervenkitzel

Ein Thrill löst also einen Nervenkitzel aus und versetzt den Betreffenden in eine angenehme Spannung.

In diesem Zusammenhang können auch die Begriff Wonneschauer, Jagdlust oder Geschwindigkeitsrausch stehen.

Manch einer verfällt solch einem verführerischen Rausch der Geschwindigkeit. Üblicherweise lösen solche Aktionen eine erhöhte Hormonausschüttung aus, die den Menschen euphorisch werden lässt.

Thriller

Aus dem Thrill wird nun der Thriller. Der Begriff Thriller ist greifbar nahe gerückt. Unter Thriller wird eine Schauergeschichte, ein spannendes Buch oder ein Krimi verstanden.

Beim Lesen eines solchen Buchs läuft es einem schon mal schauerlich über den Rücken.

Interessanterweise scheint der Mensch so etwas zu mögen. Das zeigen auch die fast schon massenhaften Wiederholungen bestimmter Kriminalserien im Fernsehen.

Offensichtlich liebt der Mensch diesen Nervenkitzel.

Lustgefühl

Weshalb ist das so? Weshalb mögen die meisten Menschen einen Thrill?

Ganz einfach: Die Bewältigung der scheinbaren oder echten Gefahrensituation steigert das Lebensgefühl; vergleichbar mit einem Lustgefühl.

Kick – Der lustvolle Rausch

Nach dem Thrill wird hier auf den besser bekannten Begriff ‚Kick‘ eingegangen.

Auch dieses Wort kommt aus dem Englischen und bedeutet so viel wie Schwung, Schlag, Stoß oder Tritt.

Im Fußball gibt es den Kicker. Bei Hochleistungssportlern wird gezielt versucht, diesen Kick zu erreichen. Er stellt eine sehr hohe emotionale Erregung, eine Gefühlsaufwallung, dar.

Auf dem Gipfel der Erregung, dem Kick, erfolgt die angestrebte unverhoffte, lustartige, ja fast berauschende Entladung.

Es kann hier von einem regelrechten Adrenalinstoß gesprochen werden.

Der Mensch befindet sich anschließend in einem regelrechten, lustvollen Rauschzustand.

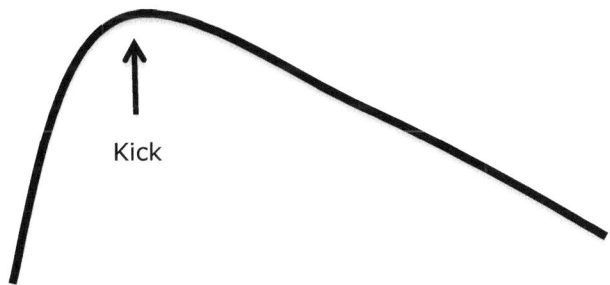

Kick

Der Rauschzustand baut sich nach und nach ab. Manchmal entwickelt sich der Bedarf, den Kick zu erneuern oder zu steigern.

Das Bungee-Springen von einer Brücke kann solch einen Kick hervorrufen.

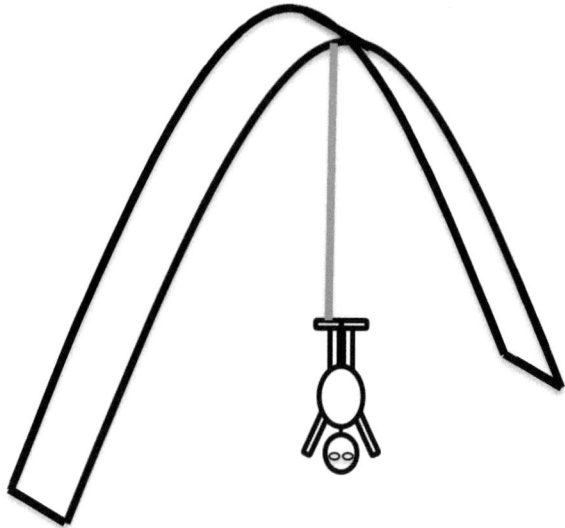

Von der Mutprobe zu Russisch Roulette

Nicht nur im Sport ist dieses Lustempfinden zu erreichen. Kinder messen ihre Stärke in Mutproben, Jugendliche hängen sich schon mal an fahrende U-Bahnwagen. Andere springen von Klippen oder gehen ins Casino, um Roulette zu spielen.

In diesem Zusammenhang sei auch auf das sogenannte Russisch Roulette hingewiesen. In der Trommel eines Revolvers befindet sich eine Patrone.

Abwechselnd wird jeder Beteiligte den Abzug betätigen, nachdem er den Revolver an seine eigene Schläfe hielt. Der tödliche Ausgang ist programmiert.

Soweit müssen Sie, liebe Leserin, lieber Leser natürlich nicht gehen. Bewältigen Sie die anregende Angst und wenn Sie dabei einen Thrill oder einen Kick erfahren, schadet das bestimmt nicht.

Über sich hinauswachsen

Erinnern Sie sich an die Todesangst, die Frau Mertens mitten in der Nacht befiel, als sie einen Einbrecher in ihrer Wohnung vermutete? Die Angst schnürte ihr den Hals zu.

Und jetzt geschieht Sonderbares. Mit einem beherzten und unerwarteten Schwung springt Frau Mertens aus ihrem Bett, schreit gellend panisch auf und wirft sich förmlich von innen gegen die Schlafzimmertür.

Sie hat sozusagen eine Art Totenstarre überwunden und spürt schlagartig übernatürliche Kräfte.

Sie hört, wie der Einbrecher sein Werkzeug fallenlässt und nun seinerseits in panischer Angst wegrennt.

Frau Mertens reißt die Schlafzimmertür auf, schreit dem Flüchtenden wild hinterher, schnappt sich einen Schirm als Bewaffnung und rennt dem Einbrecher bis zur weit offenstehenden Terrassentür hinterher.

Sie sieht ihn im Dunkel der Nacht verschwinden.

Erschöpft lässt sich Frau Mertens auf einen Sessel fallen. Ihr Herz pocht unglaublich intensiv, ihr Atem geht ebenso heftig.

Sie versucht sich zu beruhigen und greift zitternd den Telefonhörer, um die Polizei zu verständigen.

Überwinden der Totenstarre

Ähnlich wie beim Kick ist eine Kurve der empfundenen Todesangst zu zeichnen.

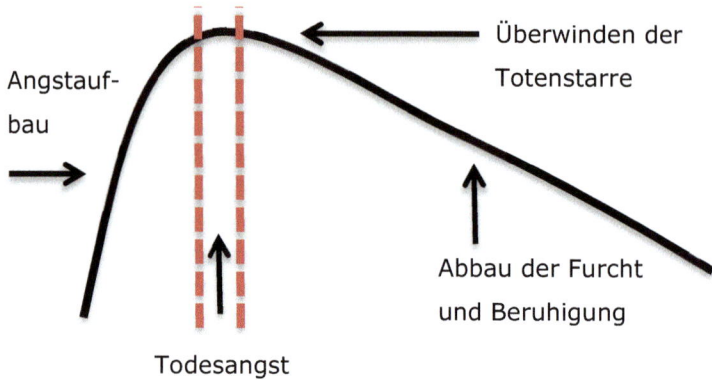

Die Todesangst kann so stark werden, dass jemand tatsächlich körperlichen Schaden nimmt oder beispielsweise gar an einem Herzschlag verstirbt.

Überwindet er die Todesangst, benötigt es eine gewisse Zeit, sich wieder zu beruhigen.

Katastrophen-Angst

Muss ein Mensch eine Katastrophe miterleben, geschieht Vergleichbares.

Die menschliche Wahrnehmung wird so extrem sensibilisiert, damit der Betreffende verstehen kann, was gerade passiert. Alle sonstigen Bedürfnisse sind in diesen Augenblicken nicht vorhanden.

Die Konzentration ist ausschließlich auf die Katastrophe ausgerichtet.

Oft dauert es eine gewisse Weile, bis der Mensch realisiert, was gerade geschieht. Rational versteht er anfangs überhaupt nicht, was er wahrnimmt. So kommt eine Art Schrecksekunde oder Totenstarre zustande.

Ist diese überwunden, wird der Mensch versuchen, der Katastrophe zu entkommen. Beispielsweise rennt er panisch davon, ungeachtet aller möglichen Widerstände, die sich ihm gerade in den Weg stellen.

Er überwindet im wörtlichen und im übertragenen Sinne alle möglichen Hindernisse, die seine Flucht beeinträchtigen würden.

Erst nachdem der Mensch in Sicherheit gelangt ist, versucht er zur Ruhe zu kommen. Er realisiert, was geschehen ist.

Nun kann es sein, dass den Emotionen Tür und Tor geöffnet werden. Beispielsweise fängt nun der Betroffene hemmungslos an zu weinen.

Durch diese Vorgehensweise baut er den angestauten Stress ab. Im Idealfall kommt er nach einer gewissen Zeit, das können auch einige Tage sein, wieder auf das übliche Empfindung-Level zurück.

Trauma

Wem das nicht gelingt, wird sich nun mit einem Trauma herumschlagen müssen.

Je früher er sich professionelle Hilfe sucht, desto eher hat er eine Chance, das Trauma zu überwinden.

Ungeahnte Kräfte wurden mobilisiert

Lassen Sie hier noch einmal zusammenfassen. Im Augenblick höchster Gefahr entwickelt der Mensch aus Eigenschutz ungeahnte Kräfte.

Sein Körper hat alle Reserven schlagartig mobilisiert, um der Gefahr ‚Herr' werden zu können.

Das lässt sich auch später von Menschen in Interviews hören, die solch eine Situation zu bewältigen hatten:

„Das hätte ich mir gar nicht zugetraut." Oder:

„Ich wusste gar nicht, dass ich diese Kraft habe."

Fazit

Haben Sie keine Angst vor der Angst. Stellen Sie sich der Situation. Sie werden sehen, welche Stärken Sie haben.

Gelingt es Ihnen, eine dieser fürchterlichen Situationen unbeschadet zu überstehen, werden Sie in Zukunft noch gestärkter sein können. Sie haben ja nun erlebt, was Sie leisten können.

Aber: Vermeiden Sie unnötige Gefahren, um ihrem Leben nicht zu schaden.

Teil 5 – Optimismus ausbauen

Der positiv denkende Optimist

Das Leben lieben

„Der Optimist hat nicht weniger oft unrecht als der Pessimist,
aber er lebt froher."
Charlie Rivel (eigentlich Josep Andreu i Lasser), span. Clown
(1896 - 1983)

Der lebensbejahende Mensch

In der lateinischen Sprache gibt es das Wort ‚optimum', das ‚das Beste' bedeutet und sich im Wort Optimismus findet (bonus, melior, optimus; gut, besser, am besten).

Im Gegensatz hierzu entwickelte sich der Begriff Pessimismus. Auch hier wird die lateinische Sprache bemüht. Malus heißt schlecht und die Steigerung von ‚malus' heißt ‚peior/peius' und schließlich im Superlativ ‚pessimus', nämlich am schlechtesten.

Der Optimismus ist eine Lebenseinstellung, üblicherweise Gutes zu sehen und zu erwarten. Probleme werden zu Herausforderungen und neue Situationen werden von der ‚besten' Seite betrachtet.

Der Optimist sieht Vorteile und das Schöne, weshalb er allgemein als heiterer, lebensbejahender Mensch bezeichnet wird. Er betrachtet seine Zukunft als positiv.

Bei Aufgaben sucht er nicht die Probleme oder die Schuld, sondern die Lösungen.

Apfelbäumchen pflanzen

Dem Reformator Martin Luther (1483 – 1546) wird folgende Aussage – fälschlicherweise – zugeschrieben:

„Wenn ich wüsste, dass morgen der jüngste Tag wäre, würde ich heute noch ein Apfelbäumchen pflanzen."

Die Aussage bedeutet, dass es sich auch bei der schlimmsten Aussicht immer noch rentieren kann, etwas für die Zukunft zu tun. Es lohnt sich demnach immer, die Hoffnung nicht aufzugeben, positiv zu denken und zu handeln.

Selbsterfüllende Prophezeiung

Durch seine positive Lebenseinstellung wird dem Optimisten mehr gelingen als dem Pessimisten. Da er sowieso davon ausgeht, dass alles gut gehen wird und eine Lösung gefunden wird, handelt er entsprechend.

Das ist eine sehr gute Voraussetzung, um im Leben glücklich und natürlich auch erfolgreich zu werden.

Pessimist   Optimist

Beim Pessimisten dreht sich die Sache genau ins Gegenteilige. Wer immer nur das Schlechteste sieht und fürchtet, nicht zum Ziel zu kommen, beeinflusst sein eigenes Gedankengut entsprechend.

Hier wie da greift die sogenannte selbsterfüllende Prophezeiung. Das heißt, dass der Mensch durch seine Lebenseinstellung deutlich entscheidet, wie positiv sein Leben verlaufen wird.

Optimist versus Pessimist

Der US-amerikanische Psychologe Martin Elias Peter Seligman (*1942) beschäftigte sich mit der Frage, was beziehungsweise inwieweit sich Optimisten und Pessimisten unterscheiden.

Hier drei seiner Überlegungen:

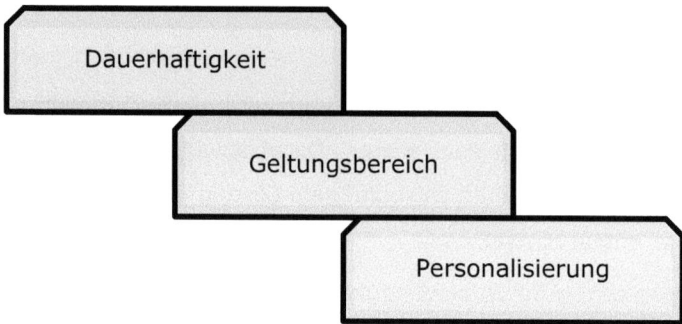

Dauerhaftigkeit

Tritt eine unangenehme Situation auf, hält nach Seligmans Über-legungen der Pessimist diese Ursachen für dauerhaft. Pessimis-ten gehen davon aus, dass die aktuelle (unschöne) Situation un-verändert bleibt und eine Entwicklung zum Besseren nicht zu er-warten sei.

Er blickt bedrückt in die Zukunft und sieht keine Möglichkeit, diese zu beeinflussen.

Demnach zeigt er auch keinerlei Notwendigkeit, dagegen anzu-gehen.

Im Gegensatz dazu sieht der Optimist die Ursache als zeitweilig und vorübergehend an. Er geht davon aus, dass die Situation wieder anders, im Sinne von ‚besser‘, wird.

Er blickt zuversichtlich in die Zukunft.

Geltungsbereich

Jeder Mensch macht bekanntlich Fehler, denn ‚Fehler sind menschlich'. Obwohl das allgemein bekannt ist, überträgt der Pessimist einzelne Fehlschläge, die er erleidet, auf sein eigenes, komplettes Leben.

Geschieht auch nur eine kleine Unannehmlichkeit am Tag, dann ist der komplette Tag verhunzt.

Der Pessimist überträgt diese Fehlschläge auf alle möglichen anderen Situationen, weshalb er alles immer verstärkter als negativ wahrnimmt.

„Ganz klar, dass mir so etwas passieren muss."

„Warum immer ich?"

Dem Optimisten ist klar, dass Fehlschläge und negative Erfahrungen zum Leben gehören. Er nimmt das nicht tragisch.

Im Gegenteil: Er sieht einen Fehlschlag als ‚Lehrgeld' beziehungsweise als Training für das weitere Leben. Er lernt aus diesem Fehlschlag und wird diesen in Zukunft nicht noch einmal machen.

„Aus Fehlern werde ich klug."

Ganz klar ist es für ihn, dass dieser eine Fehlschlag situationsbedingt eingetreten ist und mit dem Rest des täglichen Lebens oder gar des kompletten Lebens nichts zu tun hat.

Personalisierung

Geschieht nun ein kleiner Fehler, gibt sich der Pessimist selbst die Schuld. Und zwar immer. Er sieht den Auslöser des Fehlschlags grundsätzlich in seinem eigenen, schlechten, nachlässigen Verhalten.

„Ich bin schuld."

„Ich hätte mich anders verhalten müssen."

Verständlicherweise drückt diese Denkweise auf das eigene Selbstwertgefühl. Dieses wird deswegen immer schwächer und schwächer werden.

Für den Optimisten ist weniger wichtig, ob der Fehler durch eigenes Verhalten oder Fremdverhalten ausgelöst wurde.

„Der Fehler ist nun mal passiert."

Interessanter und damit wichtiger für ihn ist, dass in der Zukunft derselbe Fehler nicht noch mal geschieht.

„Jeder macht mal Fehler. Nicht schlimm."

„Schauen wir, dass sich dieser Fehler in Zukunft nicht erneut wiederholt."

Ist beim Pessimisten ein schwaches Selbstwertgefühl zu sehen, kann beim Optimisten von starkem Selbstwertgefühl ausgegangen werden.

Optimismus ist lernbar

Es wurde gezeigt, dass der Pessimist wie auch der Optimist durch sein Verhalten sein eigenes Leben deutlich beeinflusst.

Mit dem Ergebnis, dass der Pessimist immer tiefer und weiter in seine Rolle gedrängt wird, wohingegen es dem Optimisten immer bessergehen wird.

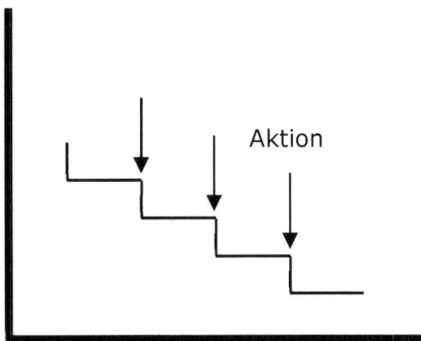

Das ist auch recht nachvollziehbar.

Wer als Optimist durchs Leben geht und demnach immer wieder Angenehmes, Schönes und Lebenswertes erlebt, wird automatisch besser gestimmt sein.

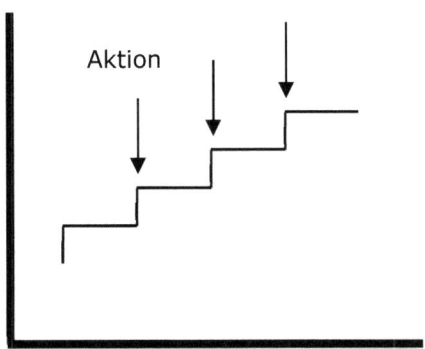

Ihm fallen vielmehr Beispiele ein, sich an schöne Situationen rückerinnern zu können. Das glückliche Leben ist (vor-)programmiert.

Der Pessimist erkrankt

Der Pessimist hingegen wird auf Dauer körperlich oder seelisch erkranken. Es ist nur ein kleiner Schritt, in eine depressive Phase zu fallen. Das scheint ein unkluges Vorgehen zu sein.

Daraus folgt, eine möglichst optimistische Lebenseinstellung zu erzielen. Die Frage ist nur, wie wird das gemacht?

Der Pessimist oder der Optimist wird nicht als solcher geboren. Diese Haltung entwickelt sich erst im Lauf des Lebens.

Demnach ist es sehr naheliegend, dass diese Lebenseinstellung angepasst werden kann. Konkret ist gemeint, eine optimistische Lebenseinstellung zu erzielen.

Anders ausgedrückt ist damit gemeint, dass Optimismus lernbar ist. Und noch einen Schritt weitergehend kann behauptet werden, dass der Pessimist, gegebenenfalls mit hohem zeitlichem Aufwand, seine Lebenseinstellung zum Optimisten wandeln kann.

Die einzige kleine Hürde, die möglicherweise dabei zu überwinden ist, ist die, dass der Pessimist lernen will(!), Optimist zu werden.

Sollte er sich vorab sagen:

„Das bringt ja sowieso alles nichts", ist das Scheitern dieses Weges bereits vorgegeben.

Eine Basiseinstellung im positiven Sinn muss gegeben sein.

Optimist werden

„Die Wurzel des Optimismus ist Angst."
Oscar Fingal O'Flahertie Wills Wilde, ir. Schriftsteller
(1854 - 1900)

Lieben und leben lassen

Wie schön ist es, nicht allein auf dieser Welt zu leben. Freunde, Partner, Kinder, Familie und sonstige liebe Menschen aus dem sozialen Umfeld sorgen dafür, dass es im eigenen Leben immer wieder Abwechslung und Neuigkeiten gibt.

Wie fürchterlich wäre es, wäre eine Person mutterseelenallein auf dieser Welt. Menschen, die vereinsamen, können ein trauriges Lied darüber singen.

Wundersamerweise hat die Natur es so eingerichtet, dass der Einzelne jemanden gerne hat, mag oder sogar liebt. Je stärker dieser Gefühlsausdruck wird, desto weniger will er natürlich, dass dieser Person etwas geschieht. Er hat Angst, dass ihr etwas zustoßen könnte.

Der italienische Philosoph Thomas von Aquin (ca. 1225 – 1274) äußerte bereits:

„Jegliche Furcht rührt daher, dass wir etwas lieben."

Wer niemanden liebt, muss sich auch um niemanden sorgen. Demnach muss er auch keine ausgeprägte Angst haben, dass dieser Person etwas geschieht.

Freiheiten einräumen

Eltern tun sich manchmal außerordentlich schwer, ihren Kindern genügend Freiheiten einzuräumen, weil sie befürchten, dass den Kindern etwas zustoßen könnte.

Diese Befürchtung, speziell dann, wenn sie deutlich übertrieben wird, hindert das Kind an seiner Entwicklung. Um eine gute Entwicklung zu ermöglichen, bleibt es den fürsorglichen Eltern nicht erspart, die Kinder und später die Heranwachsenden auch mal ‚unkontrolliert' in die Welt zu lassen.

Die Natur hat es ebenso eingerichtet, dass in den meisten Fällen nichts geschieht und die Befürchtungen der Eltern unbegründet sind.

Kontrolle – Misstrauen – Eifersucht

In Partnerschaften kann sich dieselbe Situation zeigen. Die ewige Befürchtung, dem anderen könnte etwas zustoßen, ist für beide auf Dauer nicht gesund.

Fast zwangsläufig entsteht hier eine Sucht zur Kontrolle, die ganz schnell mit Misstrauen verknüpft werden kann. Der schädlichen Eifersucht sind Tür und Tor geöffnet.

Obwohl ursprünglich im positiven Sinne gehandelt wurde, wandelt sich die Vorgehensweise so, dass Unannehmlichkeiten oder Auseinandersetzungen folgen können. Im schlimmsten Fall erfolgt eine Trennung.

So lässt sich zusammenfassen, dass jene, die lieben können, sich glücklich schätzen dürfen.

Gleichzeitig sollen sie der geliebten Person sehr deutlich die Freiheit lassen, die diese zum Leben benötigt. So können beide glücklich werden und ihrem Zusammensein optimistisch in die Zukunft blicken.

Kontrolle – Vertrauen

Wer Vertrauen schenkt, verliert Kontrolle. Vertrauen und Kontrolle bedingen einander.

Dieser Balken zeigt ein Beispiel im zwischenmenschlichen Umgang mit starker Kontrolle (dunkler Part) und geringerem Vertrauen (heller Part).

Wird wenig Kontrolle ausgeübt und viel Vertrauen geschenkt, sieht der Balken so aus:

So mögen Sie nun denken, dass sich Kontrolle und Vertrauen die Waage halten sollten. Je 50 Prozent?

Halb Kontrolle, halb Vertrauen. Mindestens so sollte das Verhältnis sein, wenn zwei Menschen, die sich noch nicht so lange kennen, miteinander zu tun haben.

Im Privatleben hingegen, unter Partnern und Freunden, aber auch bei langjährigen Geschäftspartnern, wäre es schön, wenn der Vertrauenspart deutlich anwachsen kann. Denn: Vertrauen zu schenken ist eine menschliche Stärke.

Kann vertrauensvoll miteinander umgegangen werden, quälen wenige bis keine Ängste. Ein ‚gesundes‘ Miteinander wird praktiziert.

Vertrauen wird geschenkt und es wird angenommen. Es handelt sich also um einen Vorgang, der in zwei Richtungen läuft.

Solange das Vertrauen nicht missbraucht wird, ist dieses vertrauensvolle Vorgehen zu bevorzugen.

Seien Sie offen und ehrlich zu Ihren Mitmenschen. Trauen und vertrauen Sie. Es macht das Zusammensein viel einfacher und herzlicher.

Dass Sie sich bei Vertrauen öffnen und damit angreifbar machen, liegt auf der Hand. Wer es hingegen gut meint mit Ihnen, wird Sie nicht angreifen.

Zwei Menschen vertrauen sich. Dann trauen sie sich – sie lassen sich trauen.

Die Trauung lässt die beiden im idealen Sinn weiter zusammenwachsen und für viele Jahre miteinander glücklich werden.

Positiv denken

Wer positiv denkt, hat mehr Grund sich zu freuen, da er sich über weniger ärgern muss. Ja, aber ist das nicht leichter gesagt als getan? Prasseln nicht täglich unzählige Nachrichten auf den Menschen ein?

Nachrichten, die von Bösem berichten. Von Übergriffen, Anschlägen, Missbrauch und vielem anderen mehr.

Ist es dann immer noch so einfach, positiv zu denken?

Weitestgehend bekannt ist das abgebildete Glas, das zur Hälfte gefüllt ist. Ist das Glas nun halb voll oder halb leer? Der pessimistisch Denkende wird es halb leer betrachten, für den Optimisten ist es halb voll.

So oft das Bild des halbvollen Glases bemüht wird, es hat seine volle Berechtigung.

Es zeigt, dass es zwei gegensätzliche Betrachtungen zulässt. Beide stimmen. Nur wird die Stimmung entsprechend beeinflusst: ins Positive (voll) oder ins Negative (leer).

Dieses Beispiel ist auf viele andere Dinge übertragbar.

„Oh, die Hälfte des Urlaubs ist ja bereits vorbei" stöhnt der eine.

Der andere hingegen meint:

„Oh, die Hälfte des Urlaubs steht uns ja noch bevor."

Der Studierende, der seine Bachelor-Arbeit abzugeben hat stöhnt:

„Ich muss noch 19 Seiten schreiben."

Motivierender ist bestimmt die Aussage:

„Ich habe schon sechs Seiten geschrieben."

Lebensstrategie

Bei diesen Beispielen lässt sich eine Art Lebensstrategie erkennen. Fast alles, was rundherum geschieht, zeigt bei genauem Hinschauen irgendwelche Vorteile, die anfangs möglicherweise gar nicht gesehen werden.

Wer sich bemüht, diese Vorteile zu erkennen und Wert zu schätzen, wird sein Leben deutlich anders leben können, als jener, der in jedem Krümel sofort einen Nachteil sieht.

Heinz Rühmann, meinte hierzu:

„Ein Optimist ist ein Mensch, der alles halb so schlimm oder doppelt so gut findet." Nicht schlecht.

Herausforderung statt Problem

Der Optimist betrachtet zu bewältigende Aufgaben nicht als Probleme, sondern als Herausforderungen. Mit jedem Bewältigen einer Herausforderung steigt sein Selbstbewusstsein.

Das ist der richtige Weg, um eine optimistische Lebensstrategie aufzubauen und zu erhalten.

Positiv sprechen

„Zuerst denken, dann reden."

So lautet zumindest der Ratschlag der Maßregeln der Erwachsenen. Daraus lässt sich ableiten, dass das Ausgesprochene das Gedachte verbalisiert.

Der Einzelne kann darauf achten, generell mehr positive Formulierungen zu verwenden als negative.

Affektive Bedeutung

Unter affektiver Bedeutung eines Wortes wird die emotionale Reaktion bezeichnet, die das Wort nach sich zieht.

Der Autor dieses Ratgebers hat vor einigen Jahren bei Studierenden gezeigt, dass folgende Begriffe eher als ‚angenehm' benannt wurden: spontan, selbstbewusst, Erfolg, danke, Köln.

Als ‚unangenehm' wurden eingestuft: eigentlich, Krieg, nur, Körpergeruch.

Weiterhin befragte der Autor ca. 200 Personen verschiedener Altersgruppen, welchen Geschmacksrichtungen sie folgenden (wahllos) erfundenen Namen für Süßigkeiten zuordnen würden.

Die Zahlen in Klammern stellen den Prozentsatz der meisten Nennungen dar.

Der Geschmacksrichtung ‚süß' wurden zugeordnet:

- Bumpies (75,57 %),
- Checkies (37,78 %) und
- Quellies (47,19 %).

Bei ‚bitter' entschieden sich die meisten für das Fantasieprodukt Abaray (47,09 %) und bei ‚salzig' wählten sie den Begriff Sassos (51,18 %).

Bitte bedenken Sie, dass die Namen frei erfunden waren. Produkte mit diesem Namen gab es nicht. Und trotzdem zeigt sich jeweils eine mehr oder weniger deutliche Mehrheit.

Für Produktwerbende ist dieses Phänomen der affektiven Bedeutung unter Umständen überlebensnotwendig. Wird ein neues Produkt mit unpassendem Namen auf dem Markt eingeführt, kann es sein, dass es bei den Käufern gnadenlos durchfällt.

Der Name und die Erwartungshaltung zur Geschmacksrichtung passen nicht zusammen.

Verknüpfung im Gehirn

Jetzt soll das Beschriebene auf die Themen Angst und Optimismus übertragen werden. Hört eine Person bestimmte Wörter, verknüpft ihr Gehirn diese mit bestimmten Empfindungen; mit angenehmen oder unangenehmen.

Wörter, die die Person selbst ausspricht, sind ebenso in diese beiden Kategorien einzuordnen.

Wird erkannt, dass ein Mensch häufiger Wörter der Kategorie ‚unangenehm' ausspricht, darf und muss daraus geschlossen werden, dass sich seine Gedankenwelt eher auch im unangenehmen Bereich bewegt.

Möglicherweise ist hier eine pessimistische Einstellung erkennbar? Ja.

Tauschen Sie den Begriff unangenehm durch negativ aus. Wer demnach negativ spricht, denkt negativ. Anders ausgedrückt: seine Lebenseinstellung ist negativ.

Das ist fatal. Darum gebetene Freunde könnten im Dialog auf die negative Formulierung hinweisen. So würde dem Sprecher bewusst, wie (negativ) er manche Situationen beschreibt.

Positive Begriffe wählen

Wie soll sich hier Optimismus entwickeln? Der Vorschlag lautet: Hören Sie sich zu! Achten Sie genau auf Ihren Wortschatz. Welche Ihrer ausgesprochenen Wörter würden Sie eher in die Kategorie positiv beziehungsweise negativ geben?

Setzen Sie sich das Ziel, möglichst angenehme Wörter auszusprechen und trainieren Sie sozusagen Ihr Gedächtnis und damit sich selbst.

Diese Wechselwirkung müsste Ihrem Gehirn – und damit Ihrem Körper wohltun.

Sie werden bemerken, dass sich nach einiger Zeit nicht nur die Art und Weise Ihrer Aussagen, sondern dass sich auch Ihre Einstellung ändert.

Und zwar in die optimistische Richtung. Probieren Sie es aus!

Gewissheit schaffen und Ziele setzen

Der Mensch kann träumen oder hoffen. Die Hoffnung besteht immer aus Ungewissem. Wie an anderer Stelle bereits geschrieben wurde, ruft das Ungewisse Furcht auf.

Dass diese Erkenntnis nicht neu ist, belegt das etwa 2.000 Jahre alte Zitat, das dem römischen Rhetor Lucius Annaeus Seneca, (ca. 4 – 65 n. Chr.) zugeschrieben wird:

„Furcht ist die Folge der Hoffnung."

In der neueren Zeit wird behauptet:

„Die Hoffnung stirbt zuletzt."

Nun ja, solange muss nicht gewartet werden.

Um aus dieser Art der Furcht herauszukommen, muss die Hoffnung der Gewissheit weichen.

Die verkrachte Freundschaft

Warten Sie schon lange auf die Kontaktaufnahme einer früheren Freundin und hoffen, dass sie sich nach vielen Jahren endlich wieder einmal meldet? Vielleicht wird sie sich irgendwann einmal melden. Vielleicht aber auch nicht.

Weshalb schaffen Sie nicht Klarheit und melden sich Ihrerseits? Möglicherweise ist irgendetwas einmal geschehen, das Sie beide auseinanderdriften ließ.

Aber: Helfen Spekulationen weiter? Ist nicht genügend Zeit inzwischen vergangen? Geben Sie sich einen Ruck! Werden Sie aktiv! Wandel Sie Hoffnung in Klarheit.

Spätestens nach Ihrer Kontaktaufnahme werden Sie wissen (nicht mehr hoffen!), wie es mit Ihnen und Ihrer Freundin in Zukunft weitergehen soll.

Direkt aktiv werden

Verschieben Sie solche Aktionen nicht von Woche zu Woche, von Monat zu Monat.

„Nächsten Montag kümmere ich mich darum."

Weshalb erst nächsten Montag? Warum nicht direkt? Was bringt es, unnötig Zeit zu schinden? Die vergeudete Zeit bringt Sie dem Ziel nicht näher. <u>Jetzt</u> ist die Zeit gekommen.

Konkrete Ziele setzen

Setzen Sie sich klare Ziele! Schreiben Sie auf, was Sie bis wann erreicht haben wollen.

Halten Sie sich Ihre Ziele immer vor Augen und arbeiten sie nach und nach ab.

Nicht nur, dass Sie schneller zu Ihrem Ziel kommen, sondern Unklarheiten sind in überschaubarer Zeit geklärt.

Sobald etwas klargestellt wurde, gibt es auch keine Furcht mehr darüber, wie gegebenenfalls etwas ausgehen könnte.

Gewissheit schaffen schafft Wissen

Betrachten Sie aus den Wörtern ‚Gewissheit schaffen‘ die Buch-staben ‚wiss‘, die von ‚Wissen‘ kommen.

Vergrößern Sie Ihr Wissen, dann gibt es keinen Grund mehr zu zweifeln oder ängstlich zu sein.

Werden Sie wissend und streifen gleichzeitig versteckte Ängste ab.

Zum Abschluss dieses Artikels noch ein Spruch von Heinrich The-odor Fontane (1819 – 1898):

„Ein Optimist ist ein Mensch, der ein Dutzend Austern bestellt, in der Hoffnung, sie mit einer Perle, die er darin findet, bezahlen zu können.“

Realist bleiben

Bei allen Überlegungen soll betont sein, dass nach wie vor realistisch vorgegangen werden soll. Wer sich unrealistische Ziele setzt, kann und wird diese nicht erreichen. Das ist auf die Dauer demotivierend und blockiert den Weg in das optimistisch geprägte Leben.

Wer sich beispielsweise das Ziel setzt, mit eigener Muskelkraft vom Dach des Hauses zum Nachbardach zu fliegen, wird schmerzlich scheitern. Dieses Ziel ist unrealistisch.

Also bringen unrealistische Ziele nichts. Ziele müssen realisierbar sein. Das Erreichen der Ziele wird dann realistisch.

Blick durch die rosafarbene Brille?

Damit soll ausgedrückt werden, dass die Meinung, ein Optimist sähe alles in rosafarbenen Bildern, falsch ist.

Um bei diesem Bild zu bleiben: Er würde die Welt durch eine rosafarbene Brille betrachten und sie damit anders wahrnehmen, als sie tatsächlich ist.

Voltaire (eigentlich François-Marie Arouet), ein französischer Philosoph (1694 – 1778) behauptete korrekterweise:

„Optimismus: Die Torheit zu behaupten, dass alles gut sei, wenn es schlecht ist."

Also: Brille absetzen. Die Welt realistisch wahrnehmen.

Hals- und Beinbruch

Haben Sie einen Beinbruch erlitten, dann ist es sehr wahrscheinlich Unfug zu behaupten, dass dieser Beinbruch glücklicherweise für Sie geschehen ist. Die Frage lautet eher, wie mit der neuen Situation umzugehen ist.

Dabei ist es unklug, nun in Trübsal zu verfallen und sich hängen zu lassen. Auch bringt es nicht viel Vorteil, sich nun dauernd zu bemitleiden beziehungsweise bemitleiden zu lassen. Die Situation ist, wie sie ist.

Sie können aber das Beste aus dieser Situation machen – auch wenn es sich überspitzt anhören sollte.

Müssen Sie sich auf zwei Gehhilfen humpelnd durch die Stadt bewegen, können Sie beispielsweise nachempfinden, welche Umstände jemand täglich zu bewältigen hat, der an einer ständigen körperlichen Beeinträchtigung leidet.

Sie können die Welt anders wahrnehmen als zuvor. Gleichzeitig wird wieder Ihr Horizont erweitert, durch die zusätzlichen Erfahrungen, die Sie sammeln konnten.

Solange Sie die Einschränkung durch Ihr gebrochenes Bein, genauer gesagt den gebrochenen Knochen, akzeptieren und die Situation zwar realistisch aber trotzdem positiv betrachten, wird der Bruch ruck, zuck! geheilt sein.

So, dass Sie bald wieder mit beiden Beinen sicher im Leben stehen können.

Verrückt sein

Wer will schon gerne verrückt sein? Einige befürchten, dass sie genau so etwas treffen könnte – die Verrücktheit. Nun: Verrückt soll nicht im medizinischen Bild negativ gesehen werden. Verrückt ist hier gemeint im kreativen Sinn.

Wie kann ich Realist und gleichzeitig verrückt sein? Dieser scheinbare Widerspruch ist gar keiner. Wer sich als Realist betrachtet, erkennt die Möglichkeiten, die ihm das Leben gibt. Er kann sehr gut von Vorgehensweisen trennen, die für ihn einfach nicht machbar sind.

Die Gesellschaft sorgt dafür, dass der Einzelne deutlich weiß, was als korrekt beziehungsweise machbar gilt. Es werden Regeln und Normen erstellt.

Zumindest in der Theorie sind diese Anordnungen und Gesetze eindeutig. Die Praxis allerdings zeigt täglich, dass selbstverständlich Gesetze verschieden gedeutet werden.

Zahlreiche Anwälte und Gerichte werden überhäuft mit Situationen, in denen es verschiedene Auslegungen der gewünschten Norm gibt.

Außerhalb der Norm bewegen

Handelt nun einer außerhalb der gesellschaftlichen Norm, verhält er sich also nicht mehr normal, wird schnell gesagt, der Betreffende sei unnormal oder gar anormal.

Tatsächlich, genau betrachtet, ist er lediglich von der üblichen Norm etwas abgerückt. In diesem Zusammenhang sollen die Wörter ‚verrückt sein‘ – im Sinn von ‚verschoben sein‘ – gesehen werden.

Nicht mit dem üblichen negativen Unterton, der bei dem Wort ‚Verrücktheit' mitschwingt, sondern mit der oben erwähnten Kreativität.

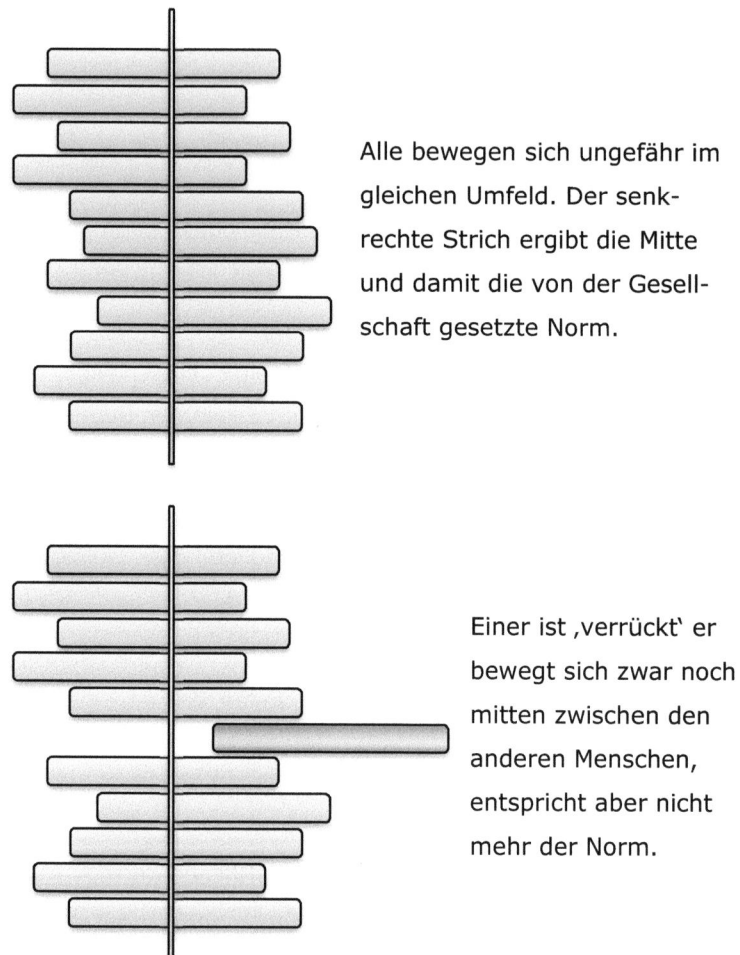

Alle bewegen sich ungefähr im gleichen Umfeld. Der senkrechte Strich ergibt die Mitte und damit die von der Gesellschaft gesetzte Norm.

Einer ist ‚verrückt' er bewegt sich zwar noch mitten zwischen den anderen Menschen, entspricht aber nicht mehr der Norm.

Jener, der in diesem Sinne verrückt ist, hat es geschafft, über den eigenen Tellerrand hinauszuschauen. Ihm eröffnen sich ganz andere Möglichkeiten in seinen Erfahrungen, Betrachtungen und in seinem Wissen.

Gleichzeitig wird die Neugierde angeregt und schon zeigt sich wieder das optimistisch zu bezeichnende Verhalten, Neues kennenzulernen.

Die zweite Darstellung zeigt schön, dass der ‚Verrückte' noch von der Gesellschaft (Nachbarn unmittelbar daneben) gehalten wird. Er ist nach wie vor ein Teil der Gesellschaft.

Wer in seinem Handeln ‚zu verrückt' wird, fällt bildhaft gesehen aus dem Halt der Gesellschaft raus. Er wird zum Außenseiter.

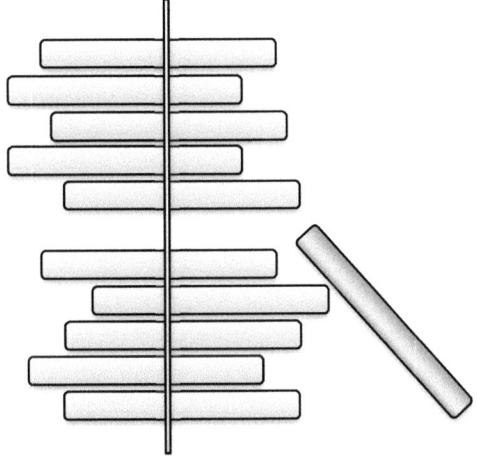

Diese Befürchtung, Außenseiter zu werden, beeinträchtigt viele Menschen.

„Um Himmelswillen nicht auffallen."

So bleiben sie im Einerlei der Gesellschaft, mit der sie dem Mainstream folgen. Der Appell an Sie ist demnach eindeutig: Seien Sie ein wenig verrückt. Nutzen Sie diese Möglichkeit, sich zu entfalten. Solange Sie sich im Rahmen der Legalität bewegen, werden Sie feststellen, dass das Leben noch schöner sein kann als bisher. Der Weg in den Optimismus wird gefestigt.

Neugierig und offen sein

Also gut: Neugierig sein, um immer wieder Neues erleben zu können. Begrüßen Sie das unglaubliche Angebot, das das vielfältige und bunte Leben sozusagen an jeder Ecke bereithält.

Nehmen Sie es mit allen fünf Sinnen wahr.

Probieren Sie hier einmal ein neues Speisengericht, hören Sie dort einem fremden Gesprächsthema zu, nehmen Sie den intensiven Geruch einer exotischen Frucht auf und ertasten die Oberflächen unbekannter Materialien.

Betrachten Sie Ihr Umfeld im wahrsten Sinne des Wortes mit anderen Augen.

Der Augen-Mensch

Klassischerweise gilt der Mensch als Augen-Mensch, was ausdrücken soll, dass viel – nur – über den Seh-Sinn beziehungsweise den Gesichts-Sinn begutachtet und gewertet wird.

Dringen Sie – bildhaft gesprochen – tiefer in die neue Materie ein. Lernen Sie deutlicher kennen, was das Andere ausmacht. Nehmen Sie sich vor, Anderes und Andere zu verstehen. Investieren Sie Zeit darin, empathisch zu sein.

Schließen Sie sich der Aussage Marie Sklodowska Curies (pol. Physikerin 1867 – 1934) an, die deutlich meinte:

„Was man zu verstehen gelernt hat, fürchtet man nicht mehr."

Nicht sofort urteilen und verurteilen

Seien Sie offen gegenüber ungewohnten Situationen und fremden Menschen.

Urteilen Sie nicht nach dem klassischen ersten Eindruck, sondern geben Sie Ihrem Gegenüber die Zeit, sich darzustellen. Gleichzeitig geben Sie sich selbst die Zeit, die neuartige Situation oder das unbekannte Gegenüber besser verstehen zu können.

Wer so vorgeht, vergrößert gewollt oder ungewollt den Kreis seiner Bekanntschaften. So ganz nebenbei gibt er sich selbst damit die Möglichkeit, den Freundes- und Bekanntenkreis zu vergrößern.

Sie werden (erneut) lernen andere wertzuschätzen, zu mögen und zu lieben und ihre Besonderheiten erkennen.

Besser verstehen – mit Nachbarn reden

„Das habe ich ja gar nicht gewusst.‟

Und weshalb nicht? Vielleicht deshalb nicht, weil kein Austausch stattfand?

Unserer Gesellschaft wird vorgeworfen, anonym Tür an Tür zu wohnen. Viele wissen nicht oder wollen gar nicht wissen, was ihr Nachbar macht.

Jeder lebt sein eigenes Leben. Wie soll da Verständnis mit dem anderen aufgebaut werden? Diffizil wird es, wenn der Nachbar aus einer anderen Generation oder aus einer anderen Kultur stammt.

Er bringt ganz andere Verhaltensmuster mit, denkt und handelt fremdartig.

Falsch und richtig

Ist jemand ‚rein‘ mit sich selbst, geht er davon aus, dass das eigene Handeln richtig ist. Nimmt er nun wahr, dass der Nachbar ein anderes Handeln zeigt, wird dieses schnell als falsch betrachtet.

Das Fremde erzeugt gegebenenfalls auch Ängste. Nachvollziehbarerweise wird nun versucht, sich gegen das Böse, das Fremde zu schützen.

Trifft dieser Mensch mit dem Nachbarn zusammen, ist die gefühlte Distanz oft zu spüren. Manchmal lässt sie sich auch an der Körpersprache ablesen.

Es fehlt die Offenheit und die Herzlichkeit sowie die Ungezwungenheit auf den anderen zuzugehen. So kann es niemand schaffen, den Nachbarn zu verstehen.

Im übertragenen Sinne ist nicht nur der Wohnungsnachbar gemeint, sondern auch Menschen aus anderen Städten, aus anderen Kulturen, aus anderen Ländern.

Kommunikation

Drehen Sie den Spieß um! Gehen Sie offen und unvoreingenommen auf Ihren Nachbarn zu. Bleiben Sie freundlich, kommunizieren Sie miteinander.

Profitieren Sie von der Andersartigkeit des anderen. Sie werden Ihren Erfahrungshorizont deutlich erweitern können.

Durch die Kommunikation werden Sie andere besser kennenlernen und verstehen, weshalb einer so oder so handelt.

Das, was einer nicht kennt, erzeugt Angst. Je mehr einer von einem anderen kennt, desto weniger Angst muss er vor ihm haben.

Demnach ist die beschriebene Vorgehensweise ein relativ einfacher Weg, um nicht nur Ängste abzubauen, sondern Neues zu erleben. Wieder ein Schritt mehr, optimistisch leben zu können.

Ansprüche überdenken

Die Gesellschaft ist daraufhin ausgelegt, einen gewissen Status aufzubauen und zu halten. Oft lautet die Devise mehr, höher, weiter und schneller.

Wer es sich leisten kann, kauft und kauft und kauft. Das Angebot ist vermeintlich endlos.

Die Wirtschaft und die Industrie achten schon darauf, dass immer wieder neue Bedürfnisse in dieser Richtung geweckt werden.

Und wieder wird gekauft. Immer die neueste (Hand-)Tasche, das aktuellste Smartphone, das eben erschienene neue Automodell.

Konformität

Diese Handlungsweise ist nicht nur bei Erwachsenen zu beobachten, sondern bereits im Kindergartenalter. In dieser Zeit tragen selbstverständlich die Eltern viel dazu bei, dem kleinen Kind bereits zu zeigen, was als ‚schick' und trendy gilt.

In der Phase der gegenseitigen Kindergeburtstage geraten manche Eltern an die Grenze ihrer Möglichkeiten.

Die vom Geburtstagskind erwarteten Geschenke sind teilweise deutlich übertrieben und abgesehen davon auch unverhältnismäßig hoch im Preis.

Wie soll sich diese Spirale weiterdrehen?

Starkes Selbstbewusstsein ist gefordert

Wer hier nicht mithalten kann, riskiert ganz schnell aus seinem sozialen Umfeld zu fliegen.

Es gehört eine ungeheure Kraft dazu, sich von diesem Verhalten zu distanzieren. Wer nicht mehr mitmacht, wird sofort schräg angesehen.

Jene mit schwachem Selbstbewusstsein werden resignieren und sich gegebenenfalls zurückziehen.

Wenige Menschen mit starkem Selbstbewusstsein schaffen es, sich unabhängig des allgemeinen konformen Verhaltens individuell durchzusetzen.

Es lässt sich gut vorstellen, dass beide Verhaltensweisen unendlich viel Kraft und Energie kosten.

Muss das alles wirklich so sein?

Irgendwann im Leben mag ein Moment kommen, wenn Sie sich überlegend zurücklehnen und fragen:

„Ist das alles richtig so, wie ich es mache?"

„Brauche ich wirklich eine noch größere Wohnung, ein noch PS-stärkeres Fahrzeug und schon wieder schicke, neue Abendgarderobe?"

Ansprüche zurückschrauben

Vielen hilft es, wenn sie ihre eigenen Ansprüche zurückschrauben. Nicht alles, was der Markt anbietet, muss auch in den eigenen vier Wänden als stolzes Eigentum stolz präsentiert werden.

Weniger kann auch mehr sein. Durch das Vermeiden der Hetze nach neuer Ware wird der Mensch gelassener und gleichzeitig stressfreier.

Andere sind anders

Vergleichbares gilt für Erwartungen. Erwartungen an sich selbst und Erwartungen an andere. Wer denkt, dass sich der andere genauso verhält, wie er es selbst täte, liegt häufig daneben.

Akzeptieren Sie, dass andere Menschen anders sind und anders handeln. Erwarten Sie von anderen nicht das, was Sie von sich selbst erwarten würden.

Das wird auf Dauer nicht gut gehen und schafft Frust, der Stress hinter sich herzieht.

Die Andersartigkeit kann doch auch schön sein. Zeigt sie nicht eine interessante Alternative zum bisherigen Vorgehen/Leben?

Eigene Erwartungen senken

Senken Sie auch eigene Erwartungen. Gemeint sind Erwartungen an sich selbst.

Weshalb wollen Sie immer schneller sein als der andere im Straßenverkehr? Weshalb müssen Sie unbedingt mehr verdienen als ihr Kollege?

Muss das wirklich immer so sein? Geben Sie hier und dort einmal nach. Sie werden erkennen, dass es gar nicht so schlimm sein muss, einen anderen im Straßenverkehr vorzulassen. Sie haben dadurch keinen Nachteil erlitten.

Sie können es schaffen, gelassener und gleichzeitig auch stressfreier zu werden.

Sich akzeptieren – Selbstakzeptanz

Weiter hilft es Ihnen, eigene Stärken zu betonen und Schwächen zu akzeptieren.

Der englische Dichter William Shakespeare (1564 – 1616) behauptete:

„Der echte Adel weiß von keiner Furcht."

Das mag zwar so sein, aber nicht jeder trägt ein Adelsprädikat mit sich herum.

Nicht der angeborene oder angeheiratete ,Stand' ist ausschlaggebend für die eigene Akzeptanz, sondern die Sicht aus seinem eigenen Inneren. Dabei gilt, dass der Betreffende sich selbst gegenüber ehrlich bleibt.

Wofür stehe ich?

Wer mehr über sich erfahren will, hat die Möglichkeit sich seiner eigenen menschlichen Stärken und Schwächen bewusst zu werden.

Er kann herausfinden, was ihn als Individuum ausmacht. Wofür steht er mit seinen Werten, seinen Einstellungen? Welches sind seine Charaktereigenschaften?

Je mehr er über sich selbst klar wird, desto mehr steigt nicht nur sein Selbstbewusstsein, sondern die Achtung vor sich selbst.

Wer ehrlich ist wird erkennen, dass er unglaublich viele Stärken und Vorteile hat, die möglicherweise auf den ersten Blick gar nicht so offensichtlich scheinen.

Gefühlte Schwächen können zu Stärken ausgebaut werden. Manchmal sind Schwächen allerdings auch gar keine – sie werden nur so vom eigenen Ich gesehen.

Wer ständig an seiner Persönlichkeit feilt und poliert, wird sich immer mehr akzeptieren können.

Das, was nicht zu ändern ist (wenn jemand beispielsweise 1,62 Meter groß ist, dann ist das eben so) kann ebenso akzeptiert werden. In diesem Zusammenhang kann von Selbstakzeptanz gesprochen werden.

Betrachten Sie sich im Spiegel und grüßen Sie Ihr Spiegelbild freundlich. Freuen Sie sich, dass Sie so sind, wie Sie sind.

Immer nach vorn schauen

Auch dann, wenn es einmal eine Delle gibt oder etwas, das nicht als so toll gesehen wird, ließe sich leicht an Heinrich Christian Wilhelm Buschs (1832 – 1908) Meinung anhängen:

„Ich bin Pessimist für die Gegenwart, aber Optimist für die Zukunft."

Obwohl immer wieder betont wird, jetzt und heute zu leben, greift die Zukunft immer in ganz, ganz wenigen Augenblicken.

Also: Wenn mal etwas schiefläuft, dann seien Sie kurzfristig Pessimist.

Kehren Sie aber schnell wieder in das Gedankengut und Verhaltensmuster des Optimisten zurück. Dort ist es schöner.

Sie werden bald sehen, dass Ihnen das guttut und Sie viel angenehmer leben können.

Epilog

Epilog – Zum Ausklang

Leben ohne Angst ...

„Das einzige, was wir zu fürchten haben, ist die Furcht selbst."
Michel Eyquem de Montaigne, frz. Philosoph
(1533 - 1592)

... und optimistisch bleiben

Angst und Furcht gehören zum Leben, wie in vielen Beispielen dargestellt wurde. Angst hat die Möglichkeit, den Menschen zu schützen, allerdings ihn auch an den Rand der Verzweiflung zu bringen.

Deshalb ist es wichtig, vernünftig mit der Angst umzugehen und sie weitestgehend zu bewältigen.

Das Leben ist einmalig und fantastisch. Jeder Augenblick ist lebenswert. Es heißt, jeden Moment zu genießen.

Nach einer Delle gibt es wieder einen Anstieg. Kein Problem. Diese Aufs und Abs bereichern den Lebensalltag.

Optimistisch sein – für Pessimismus gibt es im Leben keinen Platz.

Wer will hat es in seinen Händen, seine Lebensstrategie zu beeinflussen.

Ich wünsche allen Leserinnen und Lesern ein optimistisches und angstfreies Leben.

Horst Hanisch

Stichwortverzeichnis

Knigge als Synonym und als Namensgeber

Umgang mit Menschen

Adolph Freiherr Knigge

Schon zu seinen Lebzeiten war Adolph Freiherr Knigge (1752 – 1796) umstritten. Knigge setzte sich durch sein energisches Eintreten für die Ziele der Aufklärung, so wie er sie verstand, scharfen Angriffen aus.

Er arbeitete als Romanschriftsteller und Satiriker, sowie als politischer Schriftsteller. Er gehörte den Freimaurern an.

Heute ist Knigge vor allem seines Buches wegen ‚Über den Umgang mit Menschen' (1788) bekannt. Und zwar deswegen, weil sein Werk als Etikette-Buch angesehen wird.

Knigge verdankt seinen heutigen Ruf und Erfolg aber einem Missverständnis. Denn: Das Werk Adolph Freiherr Knigges gilt als Etikette-Buch ersten Rangs. Allerdings beschreibt Knigge keine Regeln wie mit Besteck umzugehen ist, oder das Verhalten bei Tisch, stattdessen offenbart er eine praktische Lebensphilosophie im Umgang mit Mitmenschen.

Er gibt Anleitungen und Anregungen, wie mit seinen Mitmenschen richtig umzugehen ist. Knigge hoffte damit, dass die Menschen glücklich und froh miteinander leben könnten.

Sein Buch erschien 1788 und war schon kurze Zeit in fast allen Haushalten zu finden. Über 200 Jahre lang prägte sich sein Buch im Bewusstsein der Leser als praktisches Handbuch über gutes Benehmen ein.

In drei Teilen seines Buches hat Knigge über den Umgang mit verschiedenen Menschengruppen geschrieben, zum Beispiel:

Über den Umgang mit Leuten von verschiedenen Gemütsarten, Temperamenten und Stimmungen des Geistes und des Herzens (Erster Teil, 3. Kapitel)

- Über den Umgang mit Frauenzimmern (Zweiter Teil, 5. Kapitel)

- Über das Verhältnis zwischen Wohltätern und denen, welche Wohltaten empfangen; wie auch unter Lehrern und Schülern, Gläubigern und Schuldnern (Zweiter Teil, 10. Kapitel)

- Über den Umgang mit den Großen der Erde, mit Fürsten, Vornehmen und Reichen (Dritter Teil, 1. Kapitel)

Knigge war bestimmt daran gelegen, dass Menschen möglichst angstfrei leben konnten.

Obwohl es heute klar ist, dass Knigge anderes verfolgte, als wir unter seinem Namen verstehen, soll ‚Knigge' als Synonym für den Bereich stehen, dem sich das vorliegende Buch widmet.

Ratgeber im kompakter 12x19-Format

Der kleine ... -Knigge [2100]

Anstands- und Banausen-...
Business- und Kunden-...
Büro- und Kollegen-...
Gäste- und Gastgeber-...
Gesellschafts- und Freunde-...
Outfit- und Stil-...
Interkulturelle- und
Auslands-...
Bewerbungs- und
Vorstellungs-...
Event- und Feste-...
Gastro- und Tischsitten-...
Speisen- und Exoten-...
Trinkkultur- und Getränke-...

Je 88 Seiten

Das kleine Handbuch der Rhetorik [2100]

Erfolgreich reden „Die Kunst, flott vorzutragen"
Körpersprache einsetzen „Mit Händen und Füßen sprechen"
Gezielt trainieren „Ich will endlich erfolgreich präsentieren!"
Nervosität austricksen „Mir zittern die Knie"
Begeistert überzeugen „Das rhetorische Feuer entfachen"
Unterschwellig manipulieren „Ich kriege dich schon!"
Wahrnehmung verzerren „Ich glaub' nur, was ich sehe."
Einwände entkräften „Das ist doch gar nicht machbar! – Oder doch?"

Gespräche führen „Zielorientierte und zeitsparende Gesprächslenkung"
Meetings leiten „Besprechungen erfolgreich führen"
Geschicktes Nudging „Das versteckte Anschubsen"
Interviews führen „Darf ich Sie mal fragen?"
Je 100 Seiten

Das Märchen der ...

professionellen Argumentation
harmlosen Fragen
sauberen Wahrheit
vertrauenswürdigen Fairness

... in der Rhetorik [2100]
je 100 Seiten

4 Ratgeber in der Ego-Management-Reihe

Persönlichkeits-Management – Ego-Knigge [2100] Soft Skills, Selbst-Reflexion und Selbst-Bewusstsein
Stress-Management – Ego-Knigge [2100] Lampenfieber, Stressoren, Gerüchte, Mobbing, Burnout, Stressvermeidung
Zeit-Management – Ego-Knigge [2100] Umgang mit der Zeit, Organisation von Arbeitsabläufen, Perfektionismus, Zielsetzung
Gedächtnis-Management – Ego-Knigge [2100] Gehirn, Intelligenz, Schwachsinn – Hochbegabung, Gedächtnis, Lerntechniken.

Jeder Ratgeber 104 Seiten, A5, kartoniert

4 Ratgeber der Reihe Lebenseinstellung

Aberglauben-Knigge [2100] Von schwarzen Katzen, der linken Hand des Teufels und den Glücksbringern
Lügen- und Egoismus-Knigge [2100] Überleben durch Flunkern, Schummeln und Täuschen! Macht, Respekt, Wertschätzung? Lebenslüge und Lebensschutz
Glücks-Knigge [2100] Vom Glücklichsein, positiven Denken und von Freundschaften
Angst- und Optimismus-Knigge [2100] Die Furcht beherrschen, Ängste nutzen und positiv durchs Leben gehen.

Jeder Ratgeber 216 Seiten, A5, kartoniert

3 Ratgeber Bräutigam, Braut und Brautpaar

Bräutigam-Knigge [2100] Verlobung und Polterabend, Schwiegereltern und das Ja-Wort, Hochzeits-Outfit und Hochzeits-Kutsche
Braut-Knigge [2100] Brautkleid und Accessoires, Das große Hochzeitsfest, Höhepunkte und Hochzeitstanz

Brautpaar-Knigge [2100] Historisches und Sonderbares, Planung und Organisation, Aberglaube und Hochzeitsbräuche.

Jeder Ratgeber 104 Seiten, A5, kartoniert

2 Ratgeber Selbst-Coaching

Selbstbewusstsein Knigge [2100] Ich bin, ich kann, ich will. Das eigene Leben bestimmen, Soft Skills, The Winner 1.
Selbstwertgefühl Knigge [2100] Steh auf! Werde aktiv! Zeige Profil! Das eigene Leben beeinflussen, Motivation, The Winner 2.

Selbstoptimierung Knigge [2100] Optimistischer, attraktiver, authentischer. Das eigene Leben gestalten, Ansprüche, The Winner 3.

Jeder Ratgeber 120 Seiten, A5, kartoniert

Leben und Lifestyle

Adam allein auf der Welt Knigge [2100] Ein Buch mit Bildern vom ersten Menschen, seinen Gedanken, seiner Körpersprache, 104 Seiten, A5, ca. 155 Fotos

Jugend-Knigge [2100] Knigge für junge Leute und Berufseinsteiger, 152 Seiten

Alters-Knigge [2100] Abgehängt und abgeschoben? Altersdiskriminierung? Akzeptanz des Älterwerdens!, 152 Seiten

Zukunfts-Knigge [2100] Verfall der Sitten und Verlust der Wertschätzung? Umgangsformen in 100 Jahren, 172 Seiten A5 kartoniert

KI-Knigge [2100] Leben mit der Künstlichen Intelligenz, 196 Seiten A5 kartoniert

Wertschätzung-Knigge [2100] Gleichberechtigung, Gender und Respekt, Sexuelle Orientierung, Umgang bei Diskriminierung und Mobbing, 152 Seiten A5

Hochzeits-Knigge [2100] Hochzeitsbräuche, Geschenke, Brautjungfer, Trauung, Festgäste und Festmahl, 310 Seiten A5

Ü65- und Senioren-Knigge [2100] Die junge Alten und die alten Jungen, Kommunikation und Verständnis zwischen den Generationen, 180 Seiten A5

Blumen-Knigge [2100] Historisches, Mystisches, Festliches, Blumensprache, Umgang mit Blumen-Präsenten, 144 Seiten A5

Bekleidung! Ausdruck der Persönlichkeit – Lukas' Outfit-Knigge [2100], 196 Seiten A5

Nudel-Knigge [2100] Himmlische Teigwaren, 140 Seiten A5

Der Interkulturelle Kompetenz-Knigge [2100] Kultur, Kompetenz, Eindrücke – Gesten, Rituale, Zeitempfinden – Berichte, Tipps, Erlebnisse, 240 Seiten A5

China-Deutschland-Knigge [2100] Chinesen in Deutschland, 104 Seiten A5

Dschungel-Knigge [2100] Umgang in ungewohnter Umgebung, 192 Seiten A5

Von allen guten Geistern verlassen-Knigge [2100], 132 Seiten A5

Der Dicke-Knigge [2100] Aus dem prallen Leben des Dicken, 104 Seiten A5

Typisch Frau – Typisch Mann Knigge [2100] Unterschiede und Gemeinsamkeiten im Umgang mit dem anderen Geschlecht, 128 Seiten A5

Kulinarischer und Gastronomischer Knigge [2100] 284 Seiten A5

Klo- und Pinkel-Knigge [2100] Vom privaten und öffentlichen Bedürfnis - Umgangsformen im Tabu-Bereich, 104 Seiten A5

Alles hat seine Zeit-Knigge [2100] Umgang mit der Zeit, 294 Seite A5

Omi hüpf' mal Märchen meiner Großmutter, Erlebnisse ihre Jugend und wahre Geschichten meines Vaters von und über Omi Rickchen, Hardcover, 312 Seiten

Der Hunde-Knigge [2100] Umgang mit dem Hund – Hundesprache – Der Hund in der Gesellschaft, 180 Seiten A5

Welcome to Germany-Knigge [2100] Umgangsformen, Verhaltensmuster und gesellschaftliches Miteinander im deutschsprachigen Europa, 108 Seiten A5

Besuch willkommen Knigge [2100] Einladung, Gast, Geschenk, 200 Seiten A5

Leben, Tod und Ansichten Austausch mit Berühmtheiten über Wichtiges und Unwichtiges im Leben, 116 Seiten A5

Last List Leid [2100] Verlogene Welt?, 160 Seiten A5

Mensch Macht Mörder [2100] Verfall der Umgangsformen?, 260 Seiten A5

Tod, Trauer, Totenkult-Knigge [2100] Sterben, Trost, Takt, Bestatten, Tradition, Vorsorge, Tabus, Vergänglichkeit und Sonderbares, 212 Seiten A5

Corona-Knigge [2100] Umgang mit dem Virus, 88 Seiten 12x19, kartoniert

Das kleine Knigge-Quiz [2100] 96 Seiten, 12x19 cm, kartoniert

Leben und Lifestyle

    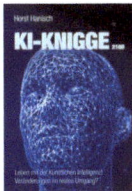

   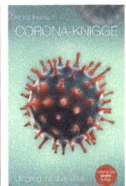 

Rhetorik, Soft Skills, Hochschule, Beruf

Rhetorik ist Silber Von den ersten Schritten zu einer perfekten Präsentation, 336 Seiten A5, kartoniert, Zeichnungen

Moderation ist Gold Gesprächsführung, Umfragen, Talkrunden und Manipulation, 274 Seiten A5, kartoniert, Zeichnungen

Lebhafte Körpersprache in Vorträgen, Präsentationen, Gesprächen, 218 Seiten A5, kartoniert, ca. 290 Zeichnungen

Rhetoric – Mastering the Art of Persuasion, 222 Seiten A5, kartoniert

Discussion – Mastering the Skills of Moderation, 192 Seiten A5, kartoniert

Body Language in Europe, 196 Seiten A5, kartoniert, ca. 290 Zeichnungen

Das große Buch der Kommunikation und der Gesprächsführung [2100], 460 Seiten A5, kartoniert, Zeichnungen

Das große Buch der Rhetorik [2100] Tacheles reden; Präsentieren; manipulieren und überzeugen, 452 Seiten A5, kartoniert, viele Darstellungen

Trickreiche Rhetorik [2100] Psychologische Gesprächsführung, manipulierende Darstellung, unaufdringliches Nudging, 448 Seiten A5, kartoniert, Zeichnungen

Körpersprache [2100] **– Lüge, Verrat, Macht**, Im Beruf, vor Gericht, beim Flirt – Gewinnerpose und Demutshaltung; 440 Seiten A5, kartoniert, über 400 Zeichnungen

Soft Skills-Knigge [2100] Soziale, Persönlichkeit, Selbstmanagement, 480 Seiten A5, kartoniert, viele Darstellungen

Schlagfertigkeit-, Spontaneität-, Stegreif-Knigge [2100] Impulsiv handeln, verbale Angriffe kontern, Störungen entwaffnen, 104 Seiten A5

Pitch Skills und Überzeugungs-Knigge [2100] Elevator Pitch, Geldgeber beeindrucken, Feuer versprühen, 128 Seiten A5, kartoniert

Smalltalk-Knigge [2100] Vom kleinen Gespräch bis zum charmanten Flirt - Kontakt ausbauen, Sympathie zeigen, Begehrlichkeit wecken, 100 Seiten A5

Quassel-Knigge [2100] Quasseln, Quatschen, Quengeln oder Lebenswichtige Kommunikation – Gezielt eingesetzte Rhetorik – Aussagekräftiges Profil zeigen, 112 Seiten A5

Die moderne Führungskraft [2100] **Online und Präsenz**, Handbuch für souveräne Vorgesetzte und solche, die es werden wollen, 252 Seiten A5, kartoniert

Emotionale Rhetorik im Leben und rund um den Tod [2100] Vielfältige Kommunikation – Fiktiver Interview-Austausch mit Berühmtheiten, 260 Seiten A5

Innere Rhetorik [2100] Zielführende Kommunikation mit sich selbst, 140 Seiten A5

Kriegerische Rhetorik [2100] Sensible Diplomatie, Empathie, 156 Seiten A5

Blumige Rhetorik [2100] Zielführende Kommunikation mit sich selbst, 140 Seiten A5

Alles hat seine Zeit – Knigge [2100] Umgang mit der Zeit, 294 Seiten A5

Hochschul-Knigge [2100] Studentischer Umgang, 132 Seiten A5, kartoniert, Fotos

Jugend-Karriere-Knigge [2100] 224 Seiten A5, kartoniert, Zeichnungen, Checklisten

Bewerbungs-Knigge [2100] **für Frauen – Tina bewirbt sich / Bewerbungs-Knigge** [2100] **für Männer – Tom bewirbt sich**, Vorbereitung, Wahl der Kleidung, Verhalten beim Bewerbungsgespräch, je 128 Seiten A5, kartoniert, Fotos, Checklisten

Online-Bewerbungsgespräche-Knigge [2100] **Vorstellungsgespräche auf Distanz – Tina und Tom bewerben sich digital**, 128 Seiten A5, kartoniert, Zeichnungen

Kreativitäts-Knigge [2100], Visionärhaft denken, Scheuklappen sprengen, Mentales Risiko eingehen, 164 Seiten A5, kartoniert

Team und Typ-Knigge [2100], Ich und Wir, Typen und Charaktere, Team-Entwicklung, 128 Seiten A5, kartoniert, viele Darstellungen

Die flotte Generation Y im 21. Jahrhundert, selbstbewusst – lebensbetonend – flexibel, 116 Seiten A5, kartoniert, Zeichnungen

Die flotte Generation Z im 21. Jahrhundert, entscheidungsfreudig – effizient – eigenverantwortlich, 140 Seiten A5, kartoniert, Zeichnungen

Tele-Meeting [2100], Digitale Konferenz, Online-Unterricht, Homeoffice, 104 Seiten A5, kartoniert

Rhetorik, Soft Skills, Hochschule, Beruf

Englisch:

   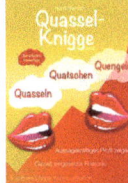 

  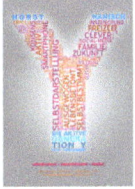  

Beratung, Coaching, Seminar

Wer hat nicht gerne mit Menschen zu tun, die selbstbewusst und selbstsicher mit anderen Menschen umgehen?

Geschäftspartnern, die die elementaren Regeln des ‚Benimms' beherrschen, stehen die Türen zum Erfolg offen.

Unternehmen, die neben ihrer fachlichen Leistung auch ‚menschlich' überzeugen wollen, bieten wir für ihre Mitarbeiterinnen und Mitarbeiter aktives Training im Umgang mit Kunden, Gästen, Kollegen und Gesprächspartnern an.

Auf unserer Website informieren wir Sie über unsere Angebote:

- Firmen-Internes-Training
- → Business-Etikette und das Lehr-menü
- → Präsentieren, Moderieren, Kommunizieren
- → Körpersprache und ihre Geheimnisse
- → Teuflische Rhetorik und das Erkennen manipulativer Aspekte
- → Flottes Reden vor und zu anderen
- → Der erste entscheidende Eindruck
- Interkulturelles Training
- → Umgang mit Menschen anderer Kulturen

- Intensiv-Training für
- → TV-Auftritte
- → Vorträge
- → Präsentationen
- → Reden
- Fachliteratur und journalistische Beiträge
- Vorträge/Speaker
- → Vor kleinem und vor großem Publikum
- Workshops
- Soft Skills
- → Team-Training

Individuelles Coaching für Einzelpersonen: Wer es ganz individuell mag, greift zurück auf ein Einzel-Coaching, auch als Online-Coaching. Hier werden ganz persönliche Herausforderungen angegangen, mit Themen wie:

- → Erscheinungsbild – Der Erste Eindruck
- → Selbstsicheres und authentisches Auftreten
- → Persönlichkeitsentfaltung
- → Bewerbungstraining
- → Rhetorik und Überzeugungskraft

- → Erfolgreiche Verhandlungsführung
- → Kommunikation und Konfliktbewältigung
- → Präsentations-Techniken und Moderation
- → Interkulturelle Kompetenz

und andere Themen – direkt auf die besonderen Bedürfnisse des Einzelnen zugeschnitten. Besuchen Sie uns auf www.knigge-seminare.de